# 아동관찰 및 행동연구

## -이론과 실제-

| 원계선 · 고지민 · 김현정 · 문혜경 · 양수경 · 임진형 · 현은선 공저 |

Observation and Research on children's Behavior

학지사

# 머리말

최근 고등교육에서 국가직무능력표준(National Competency Standards: NCS)에 기초한 직업교육을 강조하고 있으며, 이에 따라 유아교사 양성과정에서도 예비교사의 현장 역량 강화에 중점을 둔다. 이는 그간 교사교육이 실무능력과 무관하게 이루어졌음을 의미하는 것이라기보다 좀 더 현장에서 필요로 하는 실제 핵심 역량을 대학교육에서 다루길 바라는 의미로 이해해야 할 것이다.

유아교사에게 요구되는 핵심 역량은 다양하다. 유아발달 이해에 대한 기본적인 지식과 함께 다양한 교수법을 활용할 능력, 교육의 효과와 유아의 진보 정도를 파악할 수 있는 평가능력 등 다양한 역량을 필요로 한다. 유아교육이 개별 유아의 특성에 맞는 교육에 기초한다는 측면에서 유아관찰은 유아교육의 시작이 되어야 한다. 많은 대학에서 유아교사 교육과정에 '유아관찰' 관련 교과를 개설하여 운영한다. 저자들은 유아교육의 이론과 실제를 연계하기 위하여 지난 5년간 대학과 부설유치원에서 두 개 교과목을 중심으로 연계 교육과정을 운영하였다. 그 결과, 저자들은 유아관찰법에 대한 이론 학습과 실제 유아의 학습활동을 관찰 실습하고 관찰된 유아 행동을 분석·활용하는 방법을 이해할 수 있도록 교재를 제작하게 되었다.

이 책은 유아교육기관 연계 교과목 운영에 활용할 목적으로 제1부 아동관찰 및 행동연구에 관한 이론편과 제2부 유아교육기관에서의 아동관찰 및 행동연구에 관한 실제편으로 구성하였다. 제1부는 아동관찰과 행동연구에 관한 이론적 기초를 학습할 수 있도록 구성하였으며, 제2부는 관찰 실습의 필요성과 관찰 실습생의 태도에 관한 내용과 유아교육기관의 대·소집단활동 관찰 실습, 자유선택활동 관찰 실습에 관한 내용으로 구성하였다. 관찰 실습은 관찰 활동을 개괄적으로 소개한 후 관찰의 초점과 함께 적절한 관찰기록

양식지를 제시하여 학생이 직접 유아교육 현장에서 관찰 기록해 볼 수 있도록 구성하였다. 마지막으로 관찰 기록 결과물을 교실로 가져와 동료들과 토론할 수 있는 주제와 요약 및 정리로 마무리할 수 있도록 구성하였다. 관찰 실습 내용은 교수자의 기호에 따라 선택적으로 활용할 수 있도록 가급적 많은 내용을 담았기 때문에 한 학기 동안 모두 다루기에는 한계가 있을 수 있다. 그러므로 이 책을 활용할 때는 모든 내용을 다루기보다는 교수자의 선호와 학생의 역량에 따라 선택적으로 활용하는 것이 좋을 것이다.

이 책이 유아교육기관 관찰 실습 교육에 좋은 자료가 되길 바라며, 이 책에서 활용한 유아들의 활동 사진을 아낌없이 지원해 주신 금호유치원 원장님 이하 선생님들과 유치원 원아들에게 감사의 마음을 전한다. 그리고 출판을 허락해 주신 학지사 김진환 사장님께 감사의 마음을 전한다.

2017년 8월

저자 일동

# 차 례

## 제2부 아동관찰 및 행동연구 실제

# 제1부

# 아동관찰 및 행동연구 이론

제1장 아동관찰 및 행동연구의 기초

제2장 아동관찰방법

제3장 아동행동연구 유형

# 제1장 아동관찰 및 행동연구의 기초

## 1. 아동관찰의 목적과 필요성

일반적으로 관찰이란 사물의 실태를 객관적으로 파악하기 위하여 주의 깊게 살펴보는 것을 의미하지만, 철학적 관점에서의 관찰은 인식의 기초로서 적극적인 의도를 가지고 살펴보는 것을 말한다. 한편, 과학적 관점에서의 관찰은 관찰대상, 관찰시기, 관찰방법을 사전에 명확히 해 두는 것을 필요로 하는데, 이러한 점에서 우연적 관찰과 구별된다. 과학적 관찰은 관찰자의 개인차에 기인하는 자의성(恣意性)을 배제할 것을 강조한다(두산백과). 아동관찰은 아동의 행동을 객관적으로 파악하기 위해 주의 깊게 살펴보는 것을 의미한다. 이는 아동의 자연스러운 행동을 관찰하고자 하는 것이기 때문에 피관찰자가 의식하지 않도록 관찰하는 것이 중요하다.

교육과정 운영은 교육의 계획, 실행, 평가의 절차로 진행된다. 유아는 아직 언어가 발달하는 중이므로 유아를 대상으로 지필이나 구술 방식의 평가는 적절하지 않다. 따라서 유아의 자연스러운 행동이나 학습 활동 수행을 관찰하고 평가하는 방식을 사용하여야 한다. 관찰을 통해 유아의 현행 발달수준을 파악할 수 있고, 발달의 진보 정도를 확인할 자료를 수집할 수 있으며, 최종 교육성과 확인을 위한 자료를 수집할 수 있다. 다시 말해서 유아 관찰과 평가는 유아의 학습에 대한 이해를 높여 주고 교육과정 설계에 대한 정보를 제공하며, 부모면담 시 활용할 유아 학습의 증거 자료를 제공한다(황해익 외, 2001; Cheeseman, 2012). 그 밖에도 유아관찰은 유아가 보이는 부적응 행동 지도를 위한 기초 정보를 얻기 위해 사용되는 가장 중요하며 일반적인 방법이다(신혜원, 2014).

아동관찰의 목적과 필요성을 정리하면 다음과 같다.

첫째, 아동의 현행 수준을 파악하여 교육과정 수립에 정보를 제공한다.

둘째, 아동의 흥미를 파악하여 교수전략 수립에 정보를 제공한다.

셋째, 교육활동이 진행되는 중간 혹은 마지막에 아동관찰을 통해 아동의 성취, 진보 정도를 평가할 수 있다.

넷째, 체계적인 아동관찰 자료의 수집과 분석을 통해 개별 유아의 진보 정도를 평가할 수 있을 뿐만 아니라 부모면담의 좋은 자료로 활용 가능하다.

다섯째, 개별 아동의 문제행동의 기능을 파악하여 문제행동 지도에 중요한 정보를 제공한다.

그러나 유아를 관찰하는 것만으로는 부족하다. 즉, 관찰자가 보고 듣고 느낀 것의 의미를 이해하는 것이 필요하다. 이러한 의미는 한 번의 관찰 결과로 얻기 힘들고 많은 관찰의 결과들로 가능하다(Cheeseman, 2012). 관찰 결과가 평가로 이어질 때 진정한 교육적 의미를 갖게 된다.

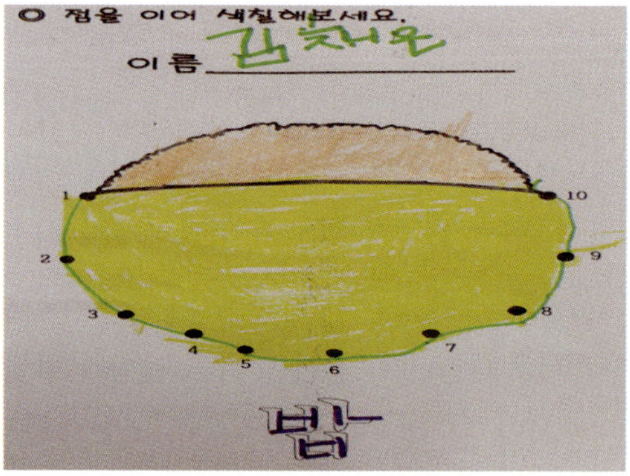


[그림 1-1] 숫자 순서대로 잇기

[그림 1-2] 자유화 그리기

이 두 장의 그림은 교사가 유아의 발달을 평가하기 위해 수집한 자료이다. [그림 1-1]은 학기 초 학급의 모든 유아에게 진단평가 목적으로 주어진 구조화된 과제를 유아가 수행한 결과물이었다. [그림 1-2]는 유아가 자유선택활동 시간에 미술영역에서 그린 그림이다. 대부분의 학급 내 유아들은 [그림 1-1] 숫자 순서대로 잇기 과제에서 유사한 그림을 그렸다. 이 결과물을 통해 교사는 학급 유아들의 이름 쓰기 수준, 색칠하기 및 숫자의 순서대로 선긋기 능력에 관한 일반적인 추론을 할 수 있다.

[그림 1-2]는 그리기 능력과 세부적인 표현능력에 관한 정보와 집, 무지개, 정원, 애완동물에 대한 유아의 생각을 알 수 있는 정보를 제공한다. 뿐만 아니라 그림을 그리는 과정에서 관찰된 유아의 행동과 완성한 그림에 대한 유아의 부연 설명을 통해 교사는 유아의 세상에 대한 인식과 사고를 더 잘 이해할 수 있다. 두 장의 그림 모두 유아의 학습을 이해할 수 있는 자료가 되지만, [그림 1-2]가 유아의 학습을 이해하기 위한 더 깊이 있는 정보를 제공한다. 그러므로 유아 평가는 한두 가지의 검사 결과만으로 평가하기보다는 다양한 유형의 평가방법을 활용하여 수집한 다양한 자료에 기초해야 한다.

## 2. 아동행동연구의 역사 및 이론적 배경

아동의 행동을 설명하는 이론은 정신분석 이론, 학습 이론, 인지발달 이론, 생물 · 생리학적 접근, 생태학적 접근, 사회학습 이론으로 대표할 수 있다. 이 절에서는 아동행동연구의 역사를 이러한 이론들에 기초하여 대표적인 학자를 중심으로 살펴본다.

관찰은 아동을 대상으로 하는 연구나 평가에서 가장 오래된 역사를 가진다. 관찰을 통해 아동의 행동을 연구한 초기 연구들은 아동의 행동을 자세히 기술하는 일기 형식이었으며, 18세기 후반 페스탈로치(Pestalozzi)에 의해 처음으로 수행되었다(안선희 외, 2013).

아동발달연구는 19세기 후반과 20세기 초반에 급속하게 발전되었다. 과학적 아동연구의 아버지라고 불리는 찰스 다윈(Charles Darwin)은 같은 종끼리도 정확히 같은 개체가 없는 것을 발견하고 진화론을 구상하였다. 다윈은 많은 생물학적 종의 초기 태아 성장과정이 매우 유사하다는 것을 발견하였으며, 다른 과학자들은 다윈의 관찰에 기초하여 아동발달이 인류의 진화과정을 답습한다고 결론지었다. 비록 이런 믿음이 증명되지는 않았지만, 아동의 성장과 인류의 진화를 비교하려는 노력은 연구자들이 아동행동의 모든 면을 주의 깊게 관찰하도록 자극하는 역할을 했다.

20세기 초반, 가장 영향력 있는 심리학자 중 한 사람인 스탠리 홀(Stanley Hall)은 아동연구운동의 창시자로서 인간을 이해하기 위해서는 아동의 발달을 연구해야 한다고 주장하였다. 다윈의 영향을 받은 그는 제자인 게젤(Gesell)과 진화론에 기초를 둔 이론을 고안하게 되었다. 즉, 인간발달에 있어서 유전적 측면을 강조한 홀은 교육이 아동의 자연적 성장 단계에 맞추어 실시되어야 한다고 주장하였다. 홀과 게젤은 하나의 이론보다는 아동발달의 모든 면을 기술하는 데 열정을 기울였으며, 많은 수의 아동을 대상으로 발달특성과 행동을 측정하여 연령에 따른 표준 발달을 제시하였다(Berk, 2008).

한편, 프랑스에서는 심리학자 비네(Binet)가 아동발달의 규준적 접근을 채택하여 학습장애 아동을 선별할 목적으로 지능검사 도구를 만들었다. 비네 지능검사는 학업성취를 예견할 수 있는 점수를 제공한 것 외에도 발달의 개인차에 상당한 관심을 불러일으키게 되었다(Berk, 2008). 이를 계기로 지능검사를 사용한 연구들이 활발히 이루어졌으며, 검사운동은 지능연구뿐만 아니라 사회 · 정서 발달, 언어 발달, 창의성 발달 등 전 영역으로 확대되었다. 1920년대에 이르러 아동연구의 과학적 토대가 이루어지고 연구 분위기가 확산되었으며, 록펠러(Rockefeller) 재단을 중심으로 한 많은 연구소들이 설립되면서 아동연구는 더욱 활발히 이루어지게 되었다(황해익, 2012).

20세기 초반 아동발달에 대한 지배적인 이론은 행동주의와 성숙주의 이론이었고, 이 두 이론은 모두 검사운동에 크게 영향을 미쳤다. 1930년대부터 1940년대 사이에 아동의 정서적 어려움을 다루는 데 규준지향적인 검사 결과로 답을 줄 수 없게 되자 정신의학자와 사회사업가들은 아동의 개별적 역사를 강조하는 새로운 접근으로 눈을 돌리게 되었다. 정신분석학적 견해에 따르면, 아동은 생물학적인 욕구와 사회적 기대 사이의 충돌에 직면하게 되는 일련의 단계를 거쳐 성장한다. 정신분석운동의 창시자인 프로이트(Freud)의 영향으로 발달 초기의 경험이 인간의 성격에 미치는 영향에 대한 관심이 대두되었다(Berk, 2008).

정신분석 견해가 두드러진 성과를 얻고 있었던 동시대에 이와는 전혀 다른 견해인 행동주의 역시 아동연구에 영향을 미쳤다. 행동주의는 직접 관찰 가능한 사건에서의 자극과 반응을 연구의 초점으로 두었다. 미국의 행동주의는 20세기 초에 존 왓슨(John Watson)으로부터 시작되었다. 왓슨은 파블로프(Pavolv)의 고전적 조건화 개념이 아동의 행동에도 적용될 수 있는지 알아보기 위해 실험을 하였다. 11개월 된 알버트에게 날카롭고 큰 소리와 함께 여러 차례 쥐를 제시하고 알버트가 쥐를 두려워하게 만들어서 중성자극을 조건화하였다. 그는 이를 통해 환경이 발달에 강한 영향을 끼친다고 결론지었다(Berk, 2008). 왓슨의 행동주의적 접근방법과 과학적 연구에 대한 기여는 오늘날까지 중요성을 평가받고 있으며, 표준화 검사의 아버지라 불리는 손다이크(Thorndike)는 그의 동료들과 함께 수, 언어능력, 그림 그리기 등에서 성취도를 측정할 수 있는 척도들을 다수 개발하였다(황해익, 2012). 밴듀라(Bandura)는 사회학습이론을 제안하였는데, 발달의 가장 강력한 자원으로 모방이나 모델링을 강조하였다. 반두라의 업적은 아동의 사회성 발달 연구에 상당한 기여를 하였다.

행동주의와 사회학습 이론이 교육에 활용할 수 있는 실용성을 가지고 있었으나, 모델링과 강화만으로 인간의 발달을 모두 설명할 수는 없었다. 행동주의와 사회학습 이론은 환경의 영향을 강화나 모델링과 같이 너무 협소한 측면에서만 다루었다는 점과 아동 자신이 발달의 주도적 역할을 할 수 있는 존재임을 간과했다는 측면에서 비판받아 왔다(Berk, 2008).

1950년대 초기 피아제(Piget)는 임상적 연구방법을 사용하여 유아의 행동과 사고과정을 연구하였다. 그는 자신의 세 자녀에게 잡고 빨고 찰 수 있는 매력적인 물건들을 제시해 주고 그 반응을 세심하게 관찰하여 생후 2년간의 인지적 변화에 대한 생각을 정립했다. 그는 아동의 인지발달이 본래 질적이고 고정된 단계에 따라 변해 가는 인지구조의 변화과정임을 밝혔다. 또 그는 인지발달에 있어 환경의 질과 유기체 활동과의 상호작용을 매우 중요하게 생각하였다.

아동행동연구에 있어 또 하나의 획기적 사건은 1960년대 이후 미국의 빈곤 세습의 문제를 타파하기 위해 저소득층 아동을 대상으로 실시한 보상교육인 헤드스타트(Head Start) 프로그램이었다. 국가적 차원에서 시행된 이 프로그램은 그 효과를 검증하기 위해 각종 측정도구의 개발과 많은 관련 연구를 낳게 되었다. 또 장애를 가진 아동을 위한 사정도구의 개발에 관한 연구들은 1965년부터 헤드 스타트 프로젝트(Head Start Project)를 저소득층 영유아들에게 제공하였고, 1972년 「경제기회균등법」 개정을 통해 일반유아를 위한 교실에 장애유아가 10% 이상 포함되도록 했고, 1975년 장애아동에게 공교육의 기회를 보장하는 「전장애아교육법(PL94-142)」을 이끌었다.

20세기 후반 미국은 국제적으로 경쟁력이 떨어지는 원인을 학생들의 낮은 학업성취도의 영향이라고 여기고 표준화검사의 반복적 측정을 통한 기초교육 강화를 요구하게 되었다. 그러나 곧 이러한 표준화검사의 맹점에 대한 지적이 일어나면서 전미유아교육협회(National Association for the Educational Young Children: NAEYC)에서는 '발달에 적합한 실제(Developmentally Appropriate Practices: DAP)'를 제시하여 연령과 개인차를 고려한 질적으로 우수한 교육을 강조하였고, 표준화검사가 아닌 유아의 수행에 기초하여 적절하게 측정할 수 있는 대안적 평가 등이 나타나게 되었다(황해익, 2012).

## 3. 아동행동연구의 접근방법

### 1) 양적접근과 질적접근

아동연구에 대한 접근은 전통적으로 양적접근과 질적접근으로 분류하고 있는데, 최근에는 양적접근과 질적접근을 통합하는 통합 연구방법을 강조하기도 한다.

양적접근은 숫자로 양화(量化)될 수 있는 자료를 사용해서 이루어지는 연구방법이다. 양적접근의 연구는 경험적 · 분석적 탐구를 수행하는 것이기 때문에 실증적 사실과 관찰할 수 있는 현상을 강조하고, 교육현상을 야기하는 인과관계의 법칙 발견을 강조한다. 이를테면, 설문조사를 통해 학생들의 성별과 음주량을 각각 파악하고 이들 간의 관련성을 수치화해서 분석하는 것은 양적접근의 예이다. 양적접근의 연구 유형으로는 기술적 연구(descriptive research), 인과-비교 연구(causal-comparative research), 상관연구(correlation research), 실험연구(experimental research) 등이 있다.

이와는 달리 질적접근은 20세기 후반에 실증주의를 비판하면서 제기된 후기 실증주의에 기반을 둔 현상학적 · 해석학적 전통을 따르고 있다. 현상을 개념화, 범주화, 계량화, 이론화 이전의 자연 상태로 환원하여 최대한 '있는 그대로' 혹은 '그 본래 입장에서' 접근하는 연구의 유형 또는 방법이다. 질적접근은 양적접근과 대비를 이루며, 양적접근의 한계를 비판하면서 등장한 대안적 접근이다. 질적접근은 사람 간의 상호작용, 대화와 특정 상황 내에서의 의미 해석을 강조한다. 자료수집 단계부터 일차적인 도구는 연구자 자신이 되며, 연구자의 인상, 판단, 느낌에 많이 의존하게 된다. 자료의 의미 해석에 있어서도 연구자의 해석에 주로 의존하며, 숫자가 아닌 언어로 기술한다. 따라서 일반화를 목적으로 하는 양적접근 방법과 달리 질적접근 연구는 개인 특유의 경험 세계가 있는 그대로 의미 있게 그리고 가치있게 연구되고 이해되어야 한다고 본다(황해익, 2012).

이러한 질적접근의 연구로는 내러티브연구(narrative research), 현상학적 연구(phenomenological research), 근거이론연구(grounded theory research), 문화기술적 연구(ethnographic research), 사례연구(case study research) 등이 있다(Creswell, 2007/2014).

통합 연구방법은 실용주의(progmatism)에 기반을 두고 자료수집에서부터 양적접근과 질적접근을 통합한 방법이다. 즉, 하나의 연구에서 동일 현상을 연구하기 위해 질적접근 방법과 양적접근 방법을 같이 사용하는 것을 말한다.

〈표 1-1〉 양적접근의 연구와 질적접근의 연구 비교

| 구분 | 양적접근의 연구 | 질적접근의 연구 |
|---|---|---|
| 세계에 대한 가정 | 한 개의 객관적 실재성(예: 도구에 의해 측정) | 다중의 실재성(예: 사회적 상황에 대해 교장 · 교사 · 학생을 대상으로 인터뷰) |
| 연구목적 | 측정된 변인들 간의 관계 밝히기 | 참여자 시각에서 사회적 상황 이해하기 |
| 연구 방법 및 절차 | 연구 시작 전에 절차 수립하기 | 융통성, 전략 변경하기: 자료수집에 따라 연구설계가 찾아짐 |
| 원형적 연구 (연구사례 유형) | 실수와 편견을 줄이도록 설계한 실험 설계 | '훈련된 주관성'을 활용한 문화기술지 |
| 연구자 역할 | 도구 사용법 익히기 | 사회적 상황에 몰입할 준비하기 |
| 맥락의 중요성 | 보편적 일반화(context-free) | 맥락 제한적 일반화(context-bound) |

## 2) 종단적 접근과 횡단적 접근

아동연구에 대한 접근은 아동의 연령변인 조작과 관련하여 크게 종단적 접근과 횡단적 접근으로 구분할 수 있다(김석우, 최태진, 2007; 이은해, 이미리, 박소연, 2006).

종단적 접근방법은 한 연령집단을 표집하여 그 대상을 장기적으로 반복 관찰, 측정함으로써 연령에 따른 발달과 변화를 연구하는 방법이다. 예를 들어, 출생 후 5세까지의 신장 및 체중의 변화를 연구하고자 할 때 이 방법을 이용하려면 출생과 동시에 한 집단을 표집하고 그 대상이 5세가 될 때까지 추적하여 주기적으로 신장과 체중을 측정해야 한다. 이 방법은 어느 한 시점에서의 발달 상태보다는 시간의 흐름에 따른 발달과정의 전반적인 모습에 대한 정보를 보다 정확히 제공할 수 있고, 초기 경험과 후기 행동 간의 인과 관계를 규명하는 연구에 적합하다. 그러나 연구대상자를 오랜 기간 동안 추적해야 하므로 시간과 경비가 많이 드는 문제와 이사, 사망, 질병 등의 이유로 연구대상자의 중도 탈락률이 높다는 단점이 있다.

횡단적 접근방법은 종단적 접근방법과 달리 연령이 다른 여러 집단을 동시에 표집하여 한꺼번에 얻은 자료를 기초로 일정한 기간 동안의 발달과정을 기술하는 연구방법이다. 예를 들면, 출생 후 5세까지의 신장 및 체중의 변화를 연구하고자 할 때 이 방법을 이용하려면 동시에 0세에서 5세까지의 집단을 표집하고 한꺼번에 대상의 신장과 체중을 측정해야 한다. 이 접근방법은 종단적 접근보다는 시간과 경비가 적게 들고 필요한 정보를 짧은 시간 안에 얻을 수 있으며, 연구대상자의 중도 탈락이나 이탈도 막을 수 있다는 이점이 있다. 그러나 집단에 속한 개인별 발달과정에 관한 참모습을 정확히 파악할 수 없다는 단점이 있다.

이러한 횡단적 접근방법과 종단적 접근방법의 단점을 보완한 절충식 방법으로 종단적-연속적 설계방법과 횡단적-연속적 설계방법이 있다. 종단적-연속적 설계방법은 연령이 다른 집단을 동일한 연구 기간 동안 연구하여 얻은 자료를 기초로 서로 비교하는 방법이다. 예를 들면, 3세에서 7세까지의 아동의 언어발달을 연구하기 위하여 3, 4, 5세의 아동을 표집하여 2년간, 즉 3세아가 5세, 4세아가 6세, 5세아가 7세가 될 때까지 종단적으로 연구를 진행하는 것이다. 이 방법은 각기 다른 연령의 집단을 연령이 증가함에 따라 반복 측정하는 것으로 종단적 접근에서 요구되는 시간적인 문제와 횡단적 접근에서 발생하는 동질성 문제를 어느 정도 해결할 수 있다. 뿐만 아니라 이 접근방법은 종단적 접근방법보다는 비교적 짧은 기간 안에 횡단적 접근방법보다는 비교적 긴 기간의 연속적 발달에 관한 정보를 수집할 수 있는 방법이라고 할 수 있다.

횡단적-연속적 설계방법은 각기 다른 출생집단에서 표집한 아동을 일정 기간 동안 횡단적으로 연구하는 방법이다. 즉, 연구에서 동일한 피험자들을 반복해서 관찰 · 검사하는 것이 아니라 매번 다른 피험자들을 연구대상으로 하는 것이다. 예를 들어, 3세에서 7세까지 아동의 언어발달을 연구할 때, 첫해에는 3, 4, 5세 아동을 표집하여 언어발달에 관한 자료를 횡단적으로 수집하고, 두 번째 해에는 첫해와 다른 새로운 4, 5, 6세 집단을 표집하여 자료를 수집하며, 세 번째 해에는 또 다른 5, 6, 7세 집단을 표집하여 자료를 수집한다. 그러므로 이 방법은 장기간의 연구로 인한 연구대상의 중도 탈락을 염려할 필요가 없다는 장점이 있는 반면에 시간의 흐름에 따른 개인 내의 변화를 측정할 수 없다는 단점을 갖는다.

# 제2장 아동관찰방법

## 1. 일화기록법

### 1) 성격

일화기록은 한 가지 행동이나 상황에 초점을 맞추어 기록하는 관찰방법이다. 관찰자는 행동의 패턴이나 변화, 발전, 특기할 만한 사건 혹은 미리 정해진 범주에 따라 행동을 관찰하는데, 이때 일화기록의 범주는 관찰 목적에 따라 달라질 수 있다. 일화기록은 관찰 직후 적는 것이 가장 좋으나 상황이 여의치 않을 시에는 간단히 메모를 하고 일과를 마친 후 자세히 기록하기도 한다. 관찰 중에 메모할 때는 육하원칙에 따라 기록하는 것이 기억에 도움이 된다.

일화기록은 다음과 같은 특성이 있다.

- 일화기록은 직접적인 관찰 결과이다.
- 일화기록은 사건에 대한 즉각적이고 정확하고 구체적인 설명이다.
- 일화기록은 행동의 맥락(상황)을 포함한다.
- 사건에 대한 해석은 사건에 대한 기록과 분리하여 기록한다.

• 일화기록은 관찰대상의 전형적인 행동 또는 비전형적인 행동에 초점을 둔다.

## 2) 관찰 기록 예

〈표 2-1〉 자유선택활동 상징놀이 일화기록

| 관찰학급 | 하늘 반(만 4세) | 관찰일시 | 2○○○년 ○월 ○○일 |
|---|---|---|---|
| 관찰아동 | 서현(여), 미영(여), 병규(남) | 관찰자 | 최연경 |
| 관찰장면 | 자유선택활동 시간 상징놀이 (am 9:50) | | |
| 관찰기록 | 서현과 미영이가 역할영역에서 식탁을 차리며 놀이를 하고 있다. 병규가 역할영역으로 다가오면서 음식을 먹겠다고 말한다. 여아들은 병규를 쳐다본다. 서현이가 "너는 여기서 놀 수 없어. 우리는 바쁘거든."이라고 말하고는 식탁 위에 과일 접시를 올린다. 병규는 "내가 아빠를 할게. 그리고 설거지를 하면 되잖아."라고 말한다. 미영이가 잠시 생각하더니 "그래, 그렇게 해."라고 말한다. | | |
| 해석 | 여아들은 자주 함께 놀이를 하며 다른 아이들이 놀이에 참여하는 것을 허락하지 않았다. 병규는 어떻게 집단놀이에 합류할 수 있는지 알고 있었다. 여아들이 기분 나쁘지 않도록 주의하면서 자신이 도움을 주겠다고 말해서 동의를 구했다. 병규는 놀이 활동 합류에 항상 성공하는 편이다. | | |

## 3) 장단점

일화기록법은 표본기록법과 비교하여 시간이 많이 소요되지 않는다는 장점이 있는 반면에 시간이 지난 후 기록하므로 관찰자의 편견이 개입될 가능성이 있다. 또한 표본기록법과 비교하여 상황적 묘사가 적기 때문에 시간이 흐른 후에는 상황에 대한 정확한 정보를 얻지 못한다는 단점이 있다.

# 2. 표본기록법

## 1) 성격

표본기록은 관찰자가 미리 정해 놓은 시간이나 활동이 끝날 때까지 관찰대상이 한 말과 행동 모두를 자세하고 객관적으로 일어난 순서에 맞추어 기록하는 관찰방법이다. 특정 사건만을 관찰 기록하는 일화기록과 다르게 관찰되는 모든 행동을 기록하는 것이 표본기록법이다. 즉, 비디오를 찍듯이 자세히 기록하는 방식이다. 표본기록법을 사용하여 관찰할 때 관찰된 행동에 대한 관찰자의 해석은 기록과 분리하여 기록한다.

표본식 기록의 지침은 다음과 같다.

- 관찰 날짜, 시간, 관찰대상, 관찰자의 이름을 미리 적어 놓는다.
- 관찰대상의 행동이 관찰된 장소 및 장면을 표시한다.
- 10~30분 동안 발생한 사건을 기록한다. 기록의 왼쪽 여백에 중간 시간의 경과를 기록한다.
- 현재형, 직접화법으로 기록한다.
- 보고들은 것을 그대로 기록하며, 관찰자의 해석과 주관적 판단은 오른쪽 여백에 별도 기록한다.
- 영유아와 상호작용하는 대상의 행동과 말도 적는다.
- 마지막에 발달영역별로 간단하게 요약한다.

## 2) 관찰 기록 예

〈표 2-2〉 오전 자유선택활동 표본기록

| 관찰학급 | 하늘 반(만 4세) | 관찰일시 | 2○○○년 ○월 ○○일 8:40~9:10 |
|---|---|---|---|
| 관찰아동 | 김찬우 | 관찰자 | 문서원 |
| 관찰장면 | 오전 자유선택 활동 | | |
| 시간 | 관찰 기록 | | |
| 8:40 | 찬우는 장난감 기타를 연주하면서 "준혁아, 나 이거 가져도 돼?"라고 여러 번 질문한 끝에 대답을 들었다. 찬우는 친구들이 교실을 이리저리 돌아다니는 것을 지켜보면서 장난감 기타를 연주한다. 선생님이 모두 모여 앉으라고 말하자 찬우도 기타를 정리하고 친구들에게 앉으라고 말한다. | | |
| 8:47 | 찬우는 친구 옆에 앉아 초코파이를 먹는 것에 대해 이야기한다. 그는 자신의 양 옆에 앉아 있는 친구들을 보며 대화를 듣는다. 또 다른 한 아이가 계속 큰소리로 짜증내며 말한다. 한동안 찬우는 그 아이에게 눈길을 주지 않고 친구들의 이야기를 듣다가 그 여자아이를 쳐다보았다. 찬우는 그 아이에게 "네가 떠드니까 말이 안 들려. 다른 사람이 말할 때는 조용히 해야 해."라고 말한다. | | |
| 8:53 | 찬우가 앉아 있는 곳 곁에 어떤 남자 아이가 다가와 찬우를 밀쳐서 찬우가 카펫 밖으로 밀린다. 찬우는 그 아이에게 말로 해도 들을 수 있다고 말한다. 그리고 다시 카펫 안으로 들어와 앉는다. | | |

〈평가〉

찬우는 규칙에 관심을 갖고 잘 지키며, 친구들이 규칙을 지키도록 도우며, 예절 바른 행동에 대해 이해하고 적절한 방법으로 자기주장을 할 수 있다.

〈요약〉

- 신체발달: 소근육 동작의 발달은 정상적인 수준임
- 언어발달: 언어적 상호작용이 적절하게 이루어짐. 언어적 표현능력이 양호함
- 인지발달: 상황에 대한 이해 능력이 양호하며, 규칙, 예의범절에 대해 잘 이해하고 있으며 지키려고 노력함
- 사회성 발달: 또래와 적절히 상호작용함

### 3) 장단점

표본기록법은 관찰대상에 대한 자세한 정보를 습득할 수 있고 특별한 준비물이 필요 없다는 장점이 있는 반면, 기록과 평가에 시간이 많이 소요되고 주관적 해석과 추론으로 흐를 가능성 있으며 한 번에 적은 수의 인원만 관찰할 수 있다는 단점이 있다.

## 3. 행동목록법

### 1) 성격

행동목록법은 범주 체계에 따라 배열된 일련의 행동 목록의 행동 출현 유무만 체크하는 관찰방법이다. 관찰자는 행동목록표(체크리스트)를 활용하여 아동이 목록에 있는 행동이나 기술을 보이는가를 결정하고 기록한다. 특정 시점에 특정 기술이나 행동의 출현 여부에 관심 있을 때 유용한 관찰방법이다.

## 2) 관찰 기록 예

〈표 2-3〉 옷입기 자조기술 발달 수준 평가

<table>
<tr><td colspan="8">자조기술: 옷입기</td></tr>
<tr><td colspan="2">관찰학급</td><td>바다반(만 2세)</td><td>관찰일</td><td colspan="4">20○○년 3월 21일~20○○년 12월 5일</td></tr>
<tr><td colspan="2">관찰대상</td><td>김연호(남)</td><td>관찰자</td><td colspan="4">박혜경</td></tr>
<tr><td colspan="8">☺ 관찰 기록 지침<br>• 다음의 행동이 관찰되면 ○, 관찰되지 않으면 × 표시한다.</td></tr>
<tr><td rowspan="2">번호</td><td rowspan="2">월령 수준</td><td rowspan="2">내용</td><td colspan="4">평가 일자</td></tr>
<tr><td>3/21</td><td>7/6</td><td>9/15</td><td>12/5</td></tr>
<tr><td>1</td><td rowspan="2">9~12</td><td>옷을 입고 벗을 때 영유아가 자신의 몸을 움직여서 성인에게 협력한다.</td><td>×</td><td>○</td><td>○</td><td>○</td></tr>
<tr><td>2</td><td>부분적으로 벗겨진 상태의 셔츠를 머리 위로 잡아당겨 벗는다.</td><td>○</td><td>○</td><td>○</td><td>○</td></tr>
<tr><td>3</td><td>12~15</td><td>느슨한 옷을 벗는다.</td><td>○</td><td>○</td><td>○</td><td>○</td></tr>
<tr><td>4</td><td>15~18</td><td>신발, 모자의 끈을 푼다.</td><td>×</td><td>○</td><td>○</td><td>○</td></tr>
<tr><td>5</td><td rowspan="2">18~21</td><td>옷의 큰 손잡이가 달린 지퍼를 내린다.</td><td>○</td><td>○</td><td>○</td><td>○</td></tr>
<tr><td>6</td><td>모자를 쓴다.</td><td>×</td><td>×</td><td>○</td><td>○</td></tr>
<tr><td>7</td><td>21~24</td><td>단순한 옷을 벗는다.</td><td>×</td><td>×</td><td>×</td><td>○</td></tr>
<tr><td>8</td><td rowspan="3">24~30</td><td>신발을 벗는다.</td><td>×</td><td>×</td><td>○</td><td>○</td></tr>
<tr><td>9</td><td>코트를 벗는다.</td><td>×</td><td>○</td><td>○</td><td>○</td></tr>
<tr><td>10</td><td>단순한 옷을 벗는다.</td><td>×</td><td>○</td><td>○</td><td>○</td></tr>
<tr><td>11</td><td rowspan="2">30~36</td><td>단추, 지퍼 등의 의류의 잠금 장치를 제외하고 도움 없이 혼자 입는다.</td><td>×</td><td>×</td><td>×</td><td>×</td></tr>
<tr><td>12</td><td>잠금 장치를 푼다.</td><td>×</td><td>×</td><td>×</td><td>○</td></tr>
</table>

출처: Johnson-Martin, Attermeier, & Hacker (2004).

〈표 2-4〉 쌓기영역의 환경 구성 평가

| 번호 | 관찰 초점 | 누리반 | 바다반 | 슬기반 | 아름반 |
|---|---|---|---|---|---|
| 1 | 크기에 따라 배치하였다. | ○ | ○ | ○ | ○ |
| 2 | 한눈에 잘 보이도록 배치하였다. | ○ | ○ | ○ | × |
| 3 | 무거운 것을 선반 아래 칸에 두었다. | ○ | ○ | ○ | ○ |
| 4 | 작은 것은 상자에 담아 두었다. | ○ | × | × | ○ |

* 행동 출현 유무에 따라 ○, ×로 표시한다.

### 3) 장단점

행동목록법은 관찰자가 특별한 훈련을 받지 않고도 관찰대상의 행동을 가장 단순한 방법으로 기록할 수 있고 많은 행동을 관찰할 수 있으며, 빠르고 쉽게 사용할 수 있다는 장점이 있는 반면, 행동의 질적 수준에 대한 정보를 얻을 수 없다는 단점이 있다.

## 4. 평정척도법

### 1) 성격

평정척도법은 미리 정해진 관찰 행동의 양이나 질을 평가할 때 사용하는 방법으로 연속성 있는 단계로 숫자나 단어로 표현된 기록지에 평정하는 관찰방법을 말한다. 체크리스트와 마찬가지로 사전에 관찰하려는 행동영역에 대해서 알고 있을 때 사용할 수 있다. 그러나 체크리스트와 달리 행동의 출현 유무만이 아니라 행동의 출현 횟수나 행동의 질적 특성을 평가할 수 있다.

척도의 수준을 숫자나 단어로 나타내는데, 일반적으로 다음과 같은 척도를 사용한다.

- 매우 우수함, 우수함, 약간 우수함, 발달이 필요함
- 평균 초과, 평균, 평균 이하
- 절대, 때때로, 가끔씩, 항상

- 만족스러움, 만족스럽지 않음
- 1등급, 2등급, 3등급, 4등급, 5등급

## 2) 관찰 기록 예

〈표 2-5〉 유아 읽기 평정

| 유아의 읽기 평정 척도 | | | | | |
|---|---|---|---|---|---|
| 관찰학급 | 누리반(만 5세) | | 관찰일시 | 20○○년 10월 5일~20○○년 10월 7일 | |
| 관찰대상 | 고슬기(여) | | 관찰자 | 문예경 | |
| ☺ 관찰 기록 지침<br>• 유아의 읽기에 대하여 다음과 같이 1~5로 평가하여 해당 숫자에 ✓ 표시한다.<br>1=아주 못함 2=못함 3=보통 4=잘함 5=아주 잘함 | | | | | |
| 평가 | 1 | 2 | 3 | 4 | 5 |
| **읽기 기술** | | | | | |
| 말과 철자의 관계 인식하기 | | | | | ✓ |
| 단어와 말의 개념 이해하기 | | | | | ✓ |
| 책을 적절히 다루기 | | | | ✓ | |
| **읽기 태도** | | | | | |
| 자유놀이 시 읽기활동 선택하기 | | | | ✓ | |
| 많은 책을 읽기 | | | ✓ | | |
| 이야기 집중하여 듣기 | | | ✓ | | |
| **읽기 흥미** | | | | | |
| 좋아하는 이야기/책 있음 | | | | ✓ | |
| 좋아하는 이야기/책에 대해 토론함 | | ✓ | | | |
| 책/이야기 관련 토론에 참여함 | | | ✓ | | |
| **읽기 전략** | | | | | |
| 읽을 때 의미 구성하기 | | | | ✓ | |
| 이야기와 배경 관련짓기 | | | | ✓ | |
| 읽기 자신감 나타내기 | | | | ✓ | |

### 3) 장단점

평정척도법은 짧은 시간에 많은 항목을 평가할 수 있고 반복 사용을 통해 시간의 흐름에 따른 행동 변화에 대한 정보를 구할 수 있다는 장점이 있는 반면, 척도 개발이 어렵고 평정척도 항목에 대한 이해가 부족할 때 양극단을 회피하는 경향이 있다는 것과 중앙 집중의 오류 가능성이 높다는 단점이 있다.

## 5. 시간표집법

### 1) 성격

시간표집법은 미리 선정한 행동을 시간 간격에 맞추어 여러 번 반복 관찰하여 기록하는 방법이다. 빈번히 발생하고 짧은 시간 동안 지속되는 행동을 관찰하는 데 적절한 방법이다. 이때 관찰하고자 하는 행동이나 사건에 대한 조작적 정의를 분명히 해야 한다.

### 2) 관찰 기록 예

관찰의 목적, 관찰 행동의 특성, 관찰대상, 관찰 시간 등에 따라 관찰자가 다양하게 개발하여 사용할 수 있다.

〈표 2-6〉 유아 상호작용 유형 관찰 1

☺ 유아 상호작용 대상의 범주 및 정의

| 상호작용 대상 | 정의 |
|---|---|
| 혼자 | 혼자 또는 병행 놀이하거나 혼자 활동하는 경우 |
| 또래 | 또래와 연합 또는 협동 놀이하거나 활동하는 경우 |
| 교사 | 교사와 함께 놀이하거나 활동하는 경우 |
| 교사+또래 | 교사+또래와 함께 놀이하거나 활동하는 경우 |

☺ 관찰 기록 지침

- 자유선택활동 시간 동안 학급의 모든 유아를 관찰한다.
- 이름이 기록된 순서대로 제일 처음에 있는 유아를 10초 동안 관찰하고 5초 동안 기록한다. 10초 동안은 유아가 누구와 상호작용하고 있었는지를 관찰하여 적절한 칸에 표시한다.
- 두 번째 유아를 10초간 관찰하고 5초간 기록한다. 이름이 적힌 순서대로 돌아가며 관찰한다.
- 각 유아당 10회의 관찰이 이루어질 때까지 계속 관찰한다.

☺ 관찰 기록지

| 유아명 | 상호작용대상 / 횟수 | 혼자 | 또래와 | 교사와 | 또래+교사 |
|---|---|---|---|---|---|
| 김현주 | 1 | | | / | |
| | 2 | | / | | |
| | 3 | / | | | |
| | 4 | | | / | |
| | 5 | | | / | |
| | 6 | / | | | |
| | 7 | | / | | |
| | 8 | / | | | |
| | 9 | | | / | |
| | 10 | | | / | |
| | 합계 | 3회 | 2회 | 5회 | 0회 |
| 정재우 | 1 | | / | | |
| | 2 | | / | | |
| | 3 | | / | | |
| | 4 | | | / | |

⋮

〈표 2-7〉 유아 상호작용 유형 관찰 2

☺ 또래와의 상호작용 유형 및 정의

| 구분 | 상호작용 행동 | 조작적 정의 |
|---|---|---|
| 긍정적 시도행동 | 1. 애정표현하기 | 또래와 친사회적인 신체적 접촉하기(예: 끌어안기, 뽀뽀하기, 손잡기) |
| | 2. 부르기 | 다른 메시지를 담지 않은 채 또래의 이름이나 역할을 소리 내어 표현하기(예: “미영아.”) |
| | 3. 언급하기 | 또래나 자기의 활동, 행동, 그 밖의 상황에 대해 또래에게 선언적으로 표현하기 |
| | 4. 칭찬하기 | 또래에게 친사회적인 언어적 메시지 표현하기(예: “잘한다.” “나는 네가 좋아.”) |
| | 5. 비언어적 의사소통하기 | 또래에게 메시지를 담은 몸짓 나타내기 |
| | 6. 도움 청하기 | 또래에게 도움이나 물건을 청하거나 활동에 도움을 청하기 |
| | 7. 물리적 도움주기 | 또래의 활동이나 과제, 그 밖의 행동에 비언어적인 물리적 도움을 주기 |
| | 8. 놀이 관련 소리내기 | 본인 또는 또래가 포함되어 있는 놀이 주제와 관련된 소리를 또래에게 내기 |
| | 9. 질문하기 | 또래에게 질문하기(예: “나 좀 도와줄래?”) |
| | 10. 요구/명령하기 | 하라거나 하지 말라고 또래에게 명령하는 말하기(예: “그만 해.”) |
| | 11. 역할 지정하기 | 행동을 하거나 하지 않기 위해 자신이나 또래에게 말하기(예: “네가 아빠야.”) |
| | 12. 나누기/바꾸기 | 또래에게 물건을 주거나 서로 바꾸기 |
| | 13. 제안하기 | 또래에게 활동을 제안하기 |
| 부정적 시도행동 | 14. 대물공격 | 또래에게서 물건을 빼앗거나 다른 또래의 물건을 파괴하기 |
| | 15. 대인공격 | 또래를 밀고 때리고 꼬집기 |
| 16. 긍정적 반응행동 | | 상호작용에 성공(예: 말을 걸거나, 애정표현을 위한 쳐다보기 행동에 대한 손을 흔드는 반응) |
| 17. 부정적 반응행동 | | 상호작용에 실패(무반응), 사회적 시도행동에 부정적 반응행동을 보임(예: 애정표현을 위한 쳐다보기 행동에 무반응하거나 화를 내는 반응) |

☺ 관찰 기록 지침

- 유아의 또래와의 사회적 상호작용 시간을 관찰한다.
- 매 5초마다 앞의 체계에 제시된 17개 범주 중 하나로 코딩한다.
- 코딩할 때 각 범주의 번호로 한다.

☺ 관찰 기록지

| 관찰학급 | 하늘반(만 5세) | 관찰일시 | 20○○년 ○월 ○○일 |
|---|---|---|---|
| 관찰대상 | 고서연 | 관찰자 | 김영주 |
| 관찰장면 | 자유선택활동 | | |

| 횟수 | 유형 | 횟수 | 유형 | 횟수 | 유형 | 횟수 | 유형 |
|---|---|---|---|---|---|---|---|
| 1 | *5* | 10 | *8* | 19 | *9* | 28 | *9* |
| 2 | *5* | 11 | *2* | 20 | *8* | 29 | *16* |
| 3 | *10* | 12 | *2* | 21 | *8* | 30 | *16* |
| 4 | *9* | 13 | *4* | 22 | *9* | 31 | *4* |
| 5 | *9* | 14 | *8* | 23 | *3* | 32 | *8* |
| 6 | *15* | 15 | *13* | 24 | *3* | 33 | *2* |
| 7 | *3* | 16 | *3* | 25 | *2* | 34 | *5* |
| 8 | *4* | 17 | *11* | 26 | *9* | 35 | *5* |
| 9 | *13* | 18 | *10* | 27 | *1* | 36 | *5* |

| 구분 | 시도행동 | | | | | | | | | | | | | | | 반응행동 | | 총계 |
|---|---|---|---|---|---|---|---|---|---|---|---|---|---|---|---|---|---|---|
| | p | | | | | | | | | | | | | n | | p | n | |
| 유형 | 1 | 2 | 3 | 4 | 5 | 6 | 7 | 8 | 9 | 10 | 11 | 12 | 13 | 14 | 15 | 16 | 17 | |
| 빈도 | *1* | *4* | *4* | *3* | *5* | *0* | *0* | *5* | *6* | *2* | *1* | *0* | *2* | *0* | *1* | *2* | *0* | 35 |
| % | *2* | *11* | *11* | *8* | *13* | *0* | *0* | *13* | *16* | *5* | *2* | *0* | *5* | *0* | *2* | *5* | *0* | 100 |

* p: 긍정적, n: 부정적

### 3) 장단점

시간표집법의 장점은 시간의 한계 지정 및 관찰 행동 정의가 명확하여 신뢰성과 객관성이 높다는 점, 한꺼번에 많은 대상을 관찰할 수 있어 효율성이 높고 관찰 기록을 부호화하기 때문에 결과 해석 시간이 적게 걸린다는 점, 그리고 빠르게 발생하는 행동을 체계적으로 관찰하기 적합하며 개인 · 집단 관찰 모두에 사용이 가능하다는 점이다. 반면, 단점은 자주 발생하는 행동 관찰에만 유용하고(적어도 1~5분 내 1회 이상 발생하는 행동), 시각적으로 관찰 가능한 행동에 적합하기 때문에 내면의 감정이나 생각을 관찰하기에 부적합하다는 점 그리고 행동 간의 상호관계, 인과관계를 알 수 없다는 점이다.

## 6. 사건표집법

사건표집법은 하나의 특정한 행동이나 사건이 생길 때만 관찰하는 방법으로 행동의 원인과 결과를 밝혀내기 위해 유용하게 사용되는 방법이다.

### 1) 빈도사건표집법

#### (1) 성격

미리 정해진 범주의 행동이나 상황이 일어날 때마다 그 빈도를 기록하는 것이다. 빈도사건표집법은 관찰의 초점이 되는 행동이 얼마나 자주 일어나는가를 알아보고자 할 때 유용하게 사용할 수 있는 관찰방법이다.

#### (2) 관찰 기록 예

유아 간 갈등이 발생할 때마다 교사가 사용한 개입 전략을 빈도사건 표집법으로 관찰할 수 있다.

〈표 2-8〉 유아의 공격적 행동 빈도사건 표집법 관찰 기록

☺ 공격적 행동 유형 정의

| 행동유형 | 정의 또는 예 |
|---|---|
| 친구 때리기 | 놀이하는 도중, 혹은 이유 없이 또래를 신체적으로 때리는 행동 |
| 자기 때리기 | 자신의 손으로 자신의 뺨, 머리 등을 때리거나 몸을 벽에 부딪쳐서 스스로를 때리는 행동 |
| 물건 던지기 | 놀잇감 등을 던지는 행동 |
| 소리 지르기 | 맥락에 맞지 않고 놀이와 관련이 없는 고음의 소리를 지르는 행동 |
| 놀잇감 빼앗기 | 또래 친구가 가지고 노는 놀잇감을 허락 없이 빼앗는 행동 |

☺ 관찰 기록 지침

- 교사가 유아의 행동을 인식한 경우만 사건으로 본다. 따라서 교사가 모르고 지나간 행동은 포함시키지 않는다.
- 하나의 공격행동은 행동이 일어나서 끝날 때까지로 보고 관찰한다.
- 공격행동이 시작해서 끝날 때까지 유아가 사용한 모든 유형을 표시한다.
- 한 가지 유형을 여러 번 사용할 때는 사용할 때마다 표시한다.

☺ 관찰 기록지

| 관찰학급 | 아름반(만 2세) | 관 찰 일 | 20○○.11.25.~20○○.11.27. |
|---|---|---|---|
| 관찰대상 | 현승연 | 관 찰 자 | 김수진 |

| 행동유형 \ 관찰일 | 11.25.(월) | 11.26.(화) | 11.27.(수) | 합계 | 평균 |
|---|---|---|---|---|---|
| 친구 때리기 | 8 | 5 | 8 | 21 | 7 |
| 자기 때리기 | 2 | 2 | 4 | 8 | 3 |
| 물건 던지기 | 5 | 2 | 1 | 8 | 2.6 |
| 소리 지르기 | 5 | 7 | 5 | 17 | 5.6 |
| 놀잇감 뺏기 | 7 | 6 | 5 | 18 | 6 |

(3) 장단점

빈도사건표집법은 사용하기 편리하고 단순하기 때문에 시간이 적게 소요되고 수량화가 용이하고 신속한 의사결정에 도움을 줄 수 있다는 장점이 있는 반면, 행동의 원인까지 알아내기 어렵다는 단점이 있다.

## 2) ABC 사건표집법

ABC 사건표집법은 행동의 원인을 발견하기 위해 행동의 전후를 관찰하고 기록하는 방법이다.

(1) 성격

A(Antecedent Event)는 사건 혹은 행동이 일어나기 전의 상황을 의미하며, B(Behavior)는 사건이나 행동 그 자체를 의미하고, C(Consequence)는 행동이 일어난 후의 결과를 의미한다.

ABC 사건표집법은 자연스러운 상태에서 일어나는 행동의 원인과 결과를 알 수 있어 문제행동 지도를 위한 자료수집에 유용한 관찰방법이며, 적어도 다섯 번 이상 관찰할 것을 권장한다.

### (2) 관찰 기록 예

**〈표 2-9〉 유아의 공격적 행동 ABC 시건표집법 관찰 기록**

| 관찰학급 | 새싹반(만 2세) | 관찰일시 | 20○○년 10월 7일~20○○년 10월 9일 |
|---|---|---|---|
| 관찰대상 | 고준서 | 관찰자 | 김영미 |
| 관찰행동 | 공격적인 행동 | | |

| 요일 | 사건 전 | 사건(갈등 상황) | 사건 후 |
|---|---|---|---|
| 10월 7일 | 점심 먹기 전 손을 씻고 화장실에 다녀오라는 교사의 지시가 있었고, 화장실 앞에 지운이가 다른 아이들과 함께 줄을 선 채 순서를 기다리고 있음 | 준서가 다가가 지운이를 때리고 화장실 안으로 먼저 들어감 | 교사가 개입하여 준서를 화장실에서 나오게 하고 줄을 서서 기다려야 들어갈 수 있다고 충분히 설명한 후, 다시 줄을 서도록 지도하자 준서가 울며 줄 서기를 거부함 |
| 10월 8일 | 등원 후 자유롭게 자유선택 활동을 하고 있었음. 남현이가 공룡모형 놀잇감을 가지고 놀이하고 있음 | 준서가 달려와 남현이를 때리며 "준서 거!"라고 하며 공룡을 뺏음 | 교사가 준서에게 가서 공룡은 남현이가 먼저 가지고 놀고 있었으니까 남현이에게 공룡을 돌려주라고 이야기 하자 소리를 지르고 울며 "싫어!"라고 이야기해 교사가 놀이를 중단시킴 |
| 10월 8일 | 바깥놀이가 끝나고 교실로 들어가자는 교사의 지시가 있었음. 모든 유아들은 교실로 들어감 | 준서가 팔짱을 끼고 붕붕카에 앉아 내리지 않음. 교사가 준서에게 교실로 들어가자고 이야기함. 바닥을 발로 차며 교실에 들어가지 않겠다고 울며 소리를 지름 | 교사가 준서에게 점심시간이라고 충분히 이야기를 해 주었지만 계속 자신을 때리고 공격적인 행동을 보여 교사가 안고 교실로 들어옴 |
| 10월 9일 | 자유놀이시간에 현서와 연우가 공룡모형들을 가지고 놀이하고 있음. 준서는 가지고 놀던 퍼즐을 내려두고 현서 옆으로 다가감 | 준서가 현서 손에서 공룡을 낚아채 감. 현서는 준서를 따라가며 달라고 말하며, 공룡 모형을 다시 잡으려 함. 준서가 발로 현서의 다리를 참 | 교사가 다가와 무슨 일이 있었는지 묻고, 준서에게 공룡을 현서에게 줄 것을 이야기함. 준서는 장난감을 꼭 쥔 채 강하게 거부하며 욺 |
| 요약 | • 준서는 순서 기다리기를 싫어하는 경향이 있음<br>• 준서는 공룡모형 놀잇감을 선호하고, 이를 또래와 공유하기 힘들어함<br>• 교사는 준서의 공격적인 행동들을 다루기 어려워함 | | |
| 해석 및 해결 방안 | • 준서는 또래 유아에 비해 규칙에 대한 이해가 낮음<br>• 준서는 원하는 것을 얻기 위해 혹은 싫은 일을 피하기 위해 공격적인 행동을 사용하는 경향이 있음<br>• 교사는 준서의 공격적 행동에 대한 다양한 예방법을 고려할 필요가 있음 | | |

출처: 원계선, 김수진, 오아름(2015). 2세 학급 준서의 공격적인 문제행동 지도 실행연구. **한국보육지원학회지**, 11(1), 29 수정.

### (3) 장단점

ABC 사건표집법은 관찰행동의 배경을 자세히 알 수 있다는 장점이 있는 반면, 시간과 노력이 많이 필요하다는 점과 주관적 판단의 위험이 높다는 단점이 있다.

# 제3장 아동행동연구 유형

## 1. 조사연구

### 1) 조사연구의 특성

조사연구(survey research)는 연구대상에게 기록 형식으로 질문하고 이에 대한 응답을 수집하는 것이다. 직접적인 관찰이 불가능하거나 실험을 할 수 없는 경우에 주로 적용된다(황해익, 2010). 하지만 조사연구의 자료는 전적으로 연구대상의 응답에 의존하므로 적절한 반응을 이끌어 낼 수 있는 질문을 하지 못했거나 전체 집단을 대표할 수 있는 연구대상을 선정하지 못했을 때 오류가 발생된다. 그러므로 조사연구에서 질문방법과 연구대상을 선정하는 과정은 연구의 질을 결정하는 데 중요한 부분을 차지한다(이은해, 이미리, 박소연, 2006).

조사연구의 대표적인 자료수집방법으로 질문지법, 면접법, 사회적 측정법 등이 있다. 이러한 방법들은 연구대상에게 질문하여 응답을 얻는다는 점에서 공통점이 있다. 먼저, 질문지법은 많은 수의 연구대상에게 집단 또는 개별적으로 질문지를 나눠 주고 자기보고식 응답을 얻어 내는 방법이다. 다음으로, 면접법은 면접원이 연구대상을 개별적으로 혹은 소집단으로 만나서 직접 질문하고 구두응답을 받아 기록하는 방법이다. 마지막으로,

사회적 측정법은 한 집단 내의 역학관계, 즉 어떤 집단 구성원들의 상호작용 양상이나 집단의 응집력을 알아보고자 할 때 이용되는 방법이다.

### 2) 조사연구의 절차

조사연구를 수행하기 위한 일반적인 절차는 [그림 3-1]과 같다(이은해 외, 2006).

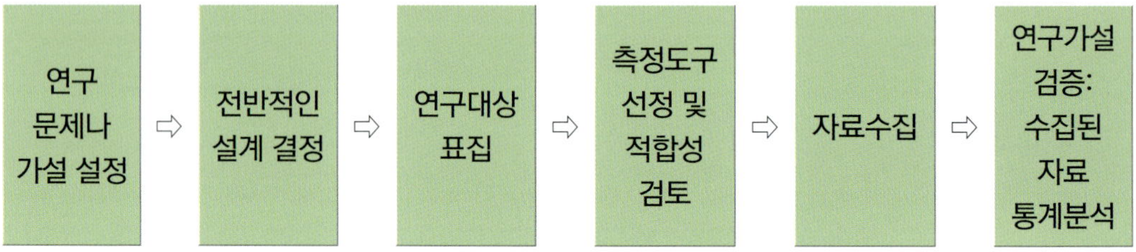


[그림 3-1] 조사연구를 수행하기 위한 일반적인 절차

첫째, 연구 문제나 가설을 설정한다. 조사연구의 가설은 대체로 세 가지 유형으로 나눌 수 있는데, 전체 집단의 특성과 경향을 기술하는 가설, 특정 변인에서 집단 간의 차이를 비교하는 가설, 변인들 간의 관계를 기술하는 가설이 있다.

둘째, 연구 문제나 가설의 해답을 얻기 위한 전반적인 설계를 결정한다. 이때 자료수집은 어떤 방법으로 접근할 것인지, 즉 종단적인 설계를 적용할 것인지, 횡단적 설계를 적용할 것인지 등을 결정한다.

셋째, 연구문제와 연구설계에 따라 연구대상을 어떤 전집에서 추출할 것인지를 결정하고 전체 집단을 정의해야 한다. 그런 다음 전체 집단의 목록 혹은 표집틀을 확보할 수 있는지 확인해야 한다. 전체 집단을 대표하는 표본을 얻기 위해 확률표집을 하는 것이 바람직하나, 연구주제와 여건에 따라서 비확률표집을 할 수 있다.

넷째, 변인을 측정하기 위한 측정도구를 선정하고 측정도구의 적합성을 검토해야 한다. 연구자가 새로운 도구를 개발하는 것보다는 신뢰도와 타당도가 적합한 기존의 도구를 사용하는 것이 연구를 수행하기 쉽다. 그러나 질문지나 면접을 위한 설문지를 개발하여 사용할 때에는 예비연구를 실시해야 한다.

다섯째, 자료를 수집하고 수집된 자료를 통계분석하여 연구가설을 검증한다. 그리고 분석 결과에 기초하여 연구보고서를 작성함으로써 연구가 완성된다. 조사연구를 위해 어떠한 자료수집방법을 선택하든지 간에 대체로 이와 같은 절차를 밟게 된다.

### 3) 조사연구의 유형 및 장단점

조사연구는 각 변인들의 특성을 기술할 수 있으며, 변인 간의 관계를 설명할 수 있다. 그리고 이러한 관계를 설명함으로써 변인 간의 영향력을 추측할 수는 있다. 하지만 실험연구에서처럼 독립변인과 종속변인 간의 인과관계를 규명하기는 어렵다는 단점이 있다. 질문지를 사용해서 자료를 수집할 경우, 연구대상의 수에 제한이 있는 관찰법에 비해 많은 수의 참여자를 대상으로 할 수 있다는 장점이 있다. 따라서 큰 전체 집단을 대상으로 그들의 특성을 기술하고 특성들 간의 관계를 탐색하고자 할 때 실험연구나 관찰연구에 비해 조사연구가 실용적이며 적절하다.

#### (1) 질문지법

질문지는 제시된 일련의 질문에 대해 연구대상이 스스로 응답을 기입하게 하는 도구를 말한다. 질문지는 일반적으로 하나 또는 여러 개의 독립적인 정보를 수집하기 위한 개별적인 문항과 척도를 포함한다. 개별적인 문항은 질문과 그 질문에 대한 응답지로 구성된다. 질문지의 형식은 개방식인지 폐쇄식인지에 따라서 응답지의 형식이 다르다. 개방식 질문은 응답자가 형식에 구애받지 않고 자유롭게 답할 수 있는 방법인데, "여러분은 화가 날 때 어떻게 행동하십니까?"라는 질문을 하고 공란을 주어 자유롭게 자신의 행동을 기술하게 한다. 폐쇄적 질문은 주어진 형식에 맞추어 답하도록 하는 질문인데, 몇 가지 보기를 응답지로 제시하고 보기 중에서 응답자 자신의 생각과 일치하는 답을 선택하게 한다(황해익, 2010).

그리고 응답자가 한 문항의 응답 내용에 따라 그 다음에 응답해야 할 문항들이 달라지는 연결된 문항을 사용하는 경우가 있다. 이러한 경우 질문지에 제시된 문항 중 일부 문항에 대해서는 해당되는 응답자만 답하게 하는 형식을 취하게 된다. 또한 연구자가 관심을 갖는 변인의 측정을 위해서 질문지 문항을 작성할 때 척도를 사용하는 예가 흔히 있다. 척도는 개념을 재는 여러 문항으로 구성된다. 자주 사용되는 척도로 리커트 척도를 들 수 있으며, 5점 척도를 주로 사용하며 '전혀 그렇지 않다' '그렇지 않다' '보통이다' '그렇다' '매우 그렇다'로 사용한다. 하지만 '매우 그렇다'와 '그렇다'의 기준이 개인마다 다를 수 있으므로 빈도를 제시하여 점수 간의 차이를 구별하는 것도 바람직하다(황해익, 2010).

〈표 3-1〉 질문지법의 장단점

| | |
|---|---|
| 장점 | • 많은 사람을 대상으로 동시에 실시할 수 있으며 우편을 통해서도 가능함. 면접자의 훈련이나 시간, 경비 등의 문제가 없음<br>• 익명으로 할 수 있으므로 솔직하게 자신의 의견을 밝힐 수 있으며, 조사자가 응답자에게 미치는 영향을 줄일 수 있음<br>• 조사대상자의 의견, 태도, 감정, 가치관 등과 같은 특성을 가진 질문지에 효과적임<br>• 관찰이나 면접으로 알 수 없는 개인의 생활경험이나 묘한 심리적 경험에 대한 조사에 효과적임<br>• 동일한 말로 지시와 문항이 구조화되어 있으므로 도구로서의 신뢰도가 높음 |
| 단점 | • 응답자의 문장이해능력과 표현능력에 크게 의존하므로 이 능력이 부족한 대상에게는 적용하기 어려움. 만 5세 이하의 유아에게는 효과적이지 못함<br>• 질문지에 응답한 내용의 진위 또는 기억의 착오가 있는지를 확인하기 어려움<br>• 질문을 확실히 통제할 수 없고, 자료를 엄격히 다룰 수 없음<br>• 질문지의 회수율이 낮음<br>• 편파적 표집의 가능성이 있음<br>• 융통성이 부족하고 응답하는 상황에 대해서 전혀 알 수 없음<br>• 면접에서 흔히 응답자의 행동과 우발적인 반응을 관찰할 수 있으나 질문지법에서는 이러한 자료가 수집되지 않음 |

### (2) 면접법

면접법은 연구대상과의 직접적인 상호작용을 통해 자료를 수집하는 방법으로서 대상과 일대일로 대화를 나누면서 정보를 수집하는 방법이다(이은혜 외, 2006). 언어적 표현이 가능한 유아나 부모 또는 교사와 직접 만나서 언어적 반응을 통해서 여러 가지 자료를 수집하는 방법이다. 특히 면접법은 인지적 영역뿐만 아니라 유아나 부모의 태도, 흥미, 인성 등에 관한 정보를 얻는 데 더 많이 활용되고 있다.

면접의 종류는 구조화 정도에 따라서 구조화된 면접과 비구조화된 면접으로 분류할 수 있다. 구조화된 면접이 면접을 위한 질문, 내용, 순서 등이 사전에 매우 구체적으로 계획되어 있고 계획된 대로 면접을 진행하는 방식인 반면, 비구조화된 면접은 면접 절차에 융통성이 있고 개방적이다.

〈표 3-2〉 면접법의 장단점

| | |
|---|---|
| 장점 | • 심층적이고 상세한 정보를 얻을 수 있음<br>• 다른 평가방법과 병행하여 사용이 가능함<br>• 질문에 대한 응답뿐만 아니라 비언어적 행동이나 주변 환경에 대한 정보를 얻을 수 있음<br>• 자연스럽고 인위적이지 않으며 융통성이 있음<br>• 면접 대상자의 동기를 유발할 수 있어서 응답 내용의 타당성이 높아질 수 있음<br>• 어린 유아나 문맹자에게도 정보를 얻을 수 있어 다양한 표본 구성이 가능함<br>• 본인의 의견을 직접 들을 수 있음<br>• 면접자와 면접대상자가 직접 대면하여 면접을 실시하기 때문에 질문지법에 비해 응답률이 높으며 누락되는 질문이 거의 없음 |
| 단점 | • 정보가 포괄적이지 못함<br>• 면접자와 면접대상자의 편견 개입이 가능함. 특히 비구조화된 면접의 경우 면접자로 인한 오류가 발생할 가능성이 더 많음<br>• 시간과 비용이 많이 듦<br>• 면접자를 위한 훈련이 필요함<br>• 수량적인 분석 및 해석에 무리가 있음<br>• 민감한 주제나 사적인 정보수집이 어려움 |

### (3) 사회적 측정법

사회적 측정법은 또래지명법, 또래평정법, 쌍별비교법이 있다. 또래지명법은 주어진 기준에 따라서 각 유아가 몇 명의 친구를 선택하게 하는 방법이다. 선택 허용 수가 제한되어 있지 않을 때 각 유아에 대한 선택 수의 많고 적음으로 그 유아가 대인관계에서 얼마만큼 자기 확정적인지 혹은 자기 폐쇄적인지를 판단할 수 있다. 또래평정법은 각 유아에게 학급 구성원 전체의 이름이 적혀 있는 명단을 나누어 준 후 한 사람도 빠뜨리지 않고 모두를 평정하게 하는 방법이다. 쌍별비교법은 유아교육기관에서 한 반에 놀고 있는 유아의 실물 사진을 한 유아에게 보여 주면서 동시에 그림으로 그려진 웃는 얼굴, 찡그린 얼굴, 중립적인 얼굴의 종류를 그림 사진을 보여 주고, 실물 사진으로 나타난 친구의 모습에서 연상되는 감정 및 태도와 가장 유사한 그림 사진을 서로 짝짓게 하여 측정하는 방법이다(이은혜 외, 2006).

〈표 3-3〉 사회적 측정법의 장단점

| | |
|---|---|
| 장점 | • 단순하고 실시하기가 용이하므로 현장의 교사들에게 유용함<br>• 유아들 사이의 집단 역동이나 집단 내 비형식적 소집단의 구조 파악이 쉬움<br>• 자료수집방법이 단순하고 경제적이며 융통성이 큼<br>• 교육에 있어 실제적으로 유용함 |
| 단점 | • 그때그때의 상황이 유아의 반응에 많은 영향을 미치므로 자료의 신뢰도, 타당도에 문제가 있을 수 있음<br>• 사회성 측정 결과와 관찰 결과가 일치하지 않는 경우도 있음<br>• 좋아하는지 또는 싫어하는지에 대한 정보만 있지 왜 좋아하거나 싫어하는지에 대한 정보는 알 수 없음<br>• 통계적 분석에서 많은 제한점이 있음 |

## 4) 조사연구의 사례

**사례 1** 자녀에게 부여하는 일상생활 규칙에 대한 어머니의 개념과 유아의 규칙 순응성 및 기질과의 관계

**(1) 연구목적**

자녀에게 부여하는 어머니의 규칙 내용을 사회적 상황과 관련지어 살펴봄으로써 어머니의 개념을 검토하고, 그러한 개념과 유아의 규칙 순응성 및 기질과의 관계를 살펴보고자 함

**(2) 연구문제**

① 어머니의 일상생활 규칙과 유아의 규칙 순응성은 어떠한가?
② 어머니의 일상생활 규칙과 유아의 기질, 규칙 순응성은 관계가 있는가?

**(3) 연구방법**

① 연구대상: 서울, 경기, 대전 지역의 3개 유치원과 7개 어린이집에 다니고 있는 만 2세, 3세, 4세, 5세 유아의 어머니 294명
② 연구도구
- 규칙 사항에 대한 질문지: 규칙에 대한 어머니의 개념은 질문지의 행동규칙에 대한 질문을 통해 측정됨. 질문지의 행동규칙은 유아의 안전, 소유물 보호, 대인관계, 복종/질서, 음식/식사시간의 일상, 가족의 일상/사소한 일, 자기보호, 개인으로 구성되어 있음. 어머니에게 규칙을 정하거나 규칙을 정하지 않는 사항에 대해 질문하였고, 질문에 대한 응답에 따라 점수를 부여함. 30개의 행동규칙에 대해 '규칙을 정하여 따르도록 요구한다'고 하면 1점, '따로 규칙을 정하지 않는다'고 하면 0점을 부여함
- 유아의 규칙 순응성: 유아의 규칙 순응성을 측정하기 위한 질문지는 앞에서 제시한 질문지의 30개 행동규칙에 대해 유아가 얼마나 잘 따르는지를 측정하도록 구성됨. 질문지의 점수는 5점 척도로서 '전혀 따르지 않는다'의 1점에서부터 '항상 따른다'의 5점으로 되어 있음
- 유아의 기질: 유아의 기질 평정척도는 적응성, 활동성, 생리적 규칙성, 반응성, 정서성으로 구성되어 있으며, 교사나 양육자가 평정할 수 있도록 함

③ 자료분석
설문지는 유아의 연령별로 100부씩 총 400부를 배부하였으며, 최종 수거된 설문지는 320부임. 무응답이 있는 것을 제외한 294부의 설문지를 최종 연구에 사용함. 수집된 자료의 분석을 위해 빈도분석, 일원분산분석, 상관분석을 실시함

**(4) 연구결과**

① 어머니들은 유아의 안전, 대인관계 행동에 가장 많은 규칙을 부여하였고, 유아 역시 안전, 대인관계 규칙에 가장 잘 순응하였음. 그리고 자녀의 연령이 높아질수록 규칙의 빈도가 증가하였고, 규칙 순응성도 증가함
② 어머니가 부여하는 전체 규칙 수와 유아의 기질은 상관이 없는 것으로 나타났지만, 규칙의 하위범주에서 반응성이 높은 유아에게 더 많은 규칙을 부여하는 것으로 나타남. 그리고 반응성이 높고 규칙적인 유아일수록 어머니의 규칙에 잘 순응하였고, 활동적인 유아일수록 규칙에 순응하지 않는 것으로 나타남

출처: 부성숙(2010). 자녀에게 부여하는 일상생활 규칙에 대한 어머니의 개념과 유아의 규칙 순응성 및 기질과의 관계. 유아교육연구, 30(5), 219-239.

## 사례 2 또래관계 분석방법 비교: 또래지명법, 또래평정법과 사회연결망분석을 중심으로

**(1) 연구목적**

사회연결망분석으로 또래관계를 분석했으며, 그 결과와 전통적인 방법에 의한 결과를 비교해 보는 것임

**(2) 연구문제**

① CDCNorm에 의한 또래지명법, ASTHNorm에 의한 또래평정법을 분석한 결과는 어떠한가?
② 또래지명법, 또래평정법의 결과를 토대로 사회연결망을 분석한 결과는 어떠한가?

**(3) 연구방법**

① 연구대상: 유치원의 만 5세반 유아 46명
② 연구도구: 또래지명법과 또래평정법에 의해서 또래관계 자료를 수집함
- 또래지명법: 학급에서 좋아하는 아이 또는 싫어하는 아이가 있다면 이름을 말해 보라는 식의 질문(사회성 측정 인기도)과 학급에서 가장 인기 있는 또는 가장 인기 없는 아이가 있으면 말해 보라는 식의 질문(지각된 인기도)을 통해서 또래관계 자료수집
- 또래평정법: 학급 전체 아이들 사진과 웃는 얼굴, 보통 얼굴, 찡그린 얼굴을 붙인 상자 3개를 준비하고 개별 유아에게 학급 전체 유아의 사진을 각각 보여 주면서, 좋아하거나 놀고 싶은 친구의 사진이면 웃는 얼굴이 그려져 있는 상자에 넣고, 좋아하지도 않고 싫어하지도 않은 친구의 사진이면 보통 얼굴이 그려져 있는 상자에 넣고, 같이 놀고 싶지 않고 좋아하지 않은 친구의 사진이면 찡그린 얼굴의 상자에 넣도록 함. 그리고 웃는 얼굴에 3점, 보통 얼굴에 2점, 찡그린 얼굴에 1점을 부여하여 합산하는 절차를 거침

③ 자료분석: 또래지명법과 또래평정법은 각각 고유한 자료수집방법과 분석방법(CDCNorm과 ASTHNorm)에 따라 평가하였으며, 사회연결망 분석의 경우에는 또래 지명법과 또래평정법의 두 가지 평가방법에 의하여 수집한 동일 자료를 분석방법만 달리하여 분석하였음

**(4) 연구결과**

① 또래관계에서 유아의 사회적 위치를 파악하기 위해서 다양한 접근방법을 택하고 다양한 분석방법을 활용해야 한다는 점이 매우 중요함. 특정 평가방법에 의해 인기아로 분류되었던 유아가 평가방법이 달라지면서 비인기아로 뒤바뀔 수 있다는 점을 고려한다면 한 가지 평가방법으로 유아의 사회적 위치를 파악하는 것이 얼마나 위험한 일인지 알 수 있음. 유아의 또래관계를 평가하기 위해서는 다양한 평가방법을 활용해야 할 필요가 있으며, 평가방법 선택에 있어서 신중을 기해야 한다는 점을 알 수 있었음
② 사회연결망분석은 또래지명법과 또래평정법 등 다른 평가절차와 함께 유용하게 사용할 수 있으며 또래관계의 다른 측면을 파악할 수 있다는 장점이 있다는 점도 알 수 있었음. 사회연결망 구조 그림은 또래관계의 구체적인 모양새를 파악하는 데 큰 도움이 되며, 사회연결망 분석에 따라 산출한 다양한 중앙성 지표는 또래관계에서의 상대적인 위치에 대해 풍부한 정보를 제공해 준다는 것을 알 수 있었음. 또한 사회연결망 분석 결과를 통해 관계 속에서 유아의 위치를 파악할 수 없음

출처: 최연철(2012). 또래관계 분석방법 비교: 또래지명법, 또래평정법과 사회연결망분석을 중심으로. 유아교육학논집, 16(3), 291－317.

# 2. 사례연구

## 1) 사례연구의 특성

사례연구란 연구자가 드러난 연속적 현상이나 사건에 반영된 특정 이론 체계가 있다는 것을 가정하여 특정 현상과 사건을 탐색하는 연구이다. 실제적 맥락하에서 발생한 현상을 '어떻게' 그리고 '왜' 등의 질문을 통해 실증적 관점에서 조사하는 연구로(Yin, 1994, 2003) 연구자가 특정 사례를 어떤 현상의 맥락을 반영하여 심층적으로 이해하기 위하여 사용하는 접근방법이다(이유나, 2006).

사례연구에서 사용하는 자료는 관찰, 면접, 문서, 시청각 자료 등으로 다양하고 광범위한 영역에서 수집된다. 문서, 사료, 기록물, 면접, 직접관찰, 참여관찰, 물리적 인공물 등이 사례연구에서 활용하는 자료 유형이며 〈표 3-4〉와 같이 정리될 수 있다(Yin, 1994, 2003).

**〈표 3-4〉 사례연구 자료 유형**

| 구분 | 개념 |
|---|---|
| 문서 | 신문지, 각종 보도 자료, 회의록, 메모, 편지, 연구보고서 등 미분류된 기록물 |
| 사료 | 일정 분류 및 정리과정을 통해 구조화 또는 전산화된 조직도, 예산안, 지도, 서베이 자료 등 |
| 면접 | 서베이 연구, 직접관찰, 참여관찰 등을 통한 자료 |
| 물리적 문화 유물이나 물건 | 인류학적인 연구에서 활용되는 자료 |

한편, 커틀러(Cutler, 2004)는 사례연구에서 활용하는 사례 유형을 〈표 3-5〉와 같이 분류하여 제시하였다.

〈표 3-5〉 사례연구 사례 유형

| 구분 | 개념 |
|---|---|
| 수업용 사례 | 수업에서 토의를 이끌어내기 위한 개괄적인 체계로 사용되는 사례 |
| 기록적 사례 | 법조계, 의학, 사회사업 등 현장에서 사용되는 진단도구나 진행 상황 기록을 목적으로 하는 사례 |
| 사회적 케이스 워크 | 사회사업에서 개별 처우와 개별 사회사업으로 분류되는 사례 |
| 연구 사례 | 사회적 맥락에서 분리된 복잡한 과정이나 활동으로 학술 논문의 주요 논의 대상이 되는 사례 |

사례연구는 연구문제의 유형에 따라 탐색적 사례연구, 설명적 사례연구, 기술적 사례연구 등 세 가지로 분류한다(Yin, 1994, 2003). 먼저, 탐색적 사례연구는 이전까지 잘 알려지지 않았거나 연구되지 않은 현상을 탐구하는 것을 연구문제로 설정한 연구이다. 다음으로, 설명적 사례연구는 특정 현상의 과정과 원인을 규명하는 것을 연구문제로 설정한 연구이다. 마지막으로, 기술적 사례연구는 특정 현상의 배경 정보와 시간 흐름적 진행과정을 알아보는 것을 연구문제로 설정한 연구이다.

## 2) 사례연구의 절차

사례연구를 포함한 질적연구를 진행하는 일반적 절차는 다음과 같다(성태제, 1998).

첫째, 연구하고자 하는 현상을 정의내리고 범위를 명확히 한다.

둘째, 정의내린 연구현상과 관련된 연구대상을 선정한다.

셋째, 일반적이고 총체적인 가설을 설정한다.

넷째, 연구가설을 드러낼 수 있는 자료를 수집한다.

그리고 사례연구에서 자료를 수집할 때 지켜야 할 세 가지 원칙은 다음과 같다(Yin, 1994, 2003).

첫째, 하나 이상의 출처에서 자료를 수집한다.

둘째, 공식적으로 수집하고 객관적인 데이터베이스에 기반한 자료를 활용한다.

셋째, 연구문제의 설정, 자료수집, 결과 도출은 연계성 있게 이루어져야 한다.

넷째, 자료를 분석한다.

다섯째, 분석된 자료를 기초로 하여 연구 결론을 유도하고 보고서를 작성한다.

영유아교육기관 현장에서 연구자는 관찰을 통한 사례연구 수행 후 연구 결론 유도와 보고서 작성 시 〈표 3-6〉의 평가 점검표 활용을 통해 연구의 완성도를 높이게 된다(홍영희, 노경주, 심종희, 2000).

〈표 3-6〉 사례연구 보고서 평가 점검표

| 번호 | 항목 | 구분 | | |
|---|---|---|---|---|
| | | 아니다 | 보통이다 | 그렇다 |
| 1 | 연구보고서가 이해하기 쉽게 쓰였는가? | | | |
| 2 | 각 문장들이 전체적인 맥락에 잘 들어맞는가? | | | |
| 3 | 연구보고서에 개념적인 구조가 잘 드러나 있는가? | | | |
| 4 | 쟁점들을 진지하고 학문적인 자세로 접근했는가? | | | |
| 5 | 사례가 올바르게 정의되었는가? | | | |
| 6 | 사례를 제시하는 방법에 있어서 하나의 이야기를 들려주고 있다는 생각이 드는가? | | | |
| 7 | 독자에게 대리 경험의 기회를 제공하는가? | | | |
| 8 | 인용문들이 효과적으로 제시되었는가? | | | |
| 9 | 제목, 도표, 인공물, 부록, 색인 등이 효과적으로 사용되었는가? | | | |
| 10 | 편집상의 마무리가 잘 되어 있는가? | | | |
| 11 | 저자는 주장을 하는 데 있어 지나치거나 모자람이 없는가? | | | |
| 12 | 여러 가지 상황이 골고루 다루어졌는가? | | | |
| 13 | 원자료가 충분히 제시되었는가? | | | |
| 14 | 자료 출처의 선택이 적절했으며 양이 적절한가? | | | |
| 15 | 관찰과 해석에 삼각측정이 되었는가? | | | |
| 16 | 연구자의 역할과 견해가 잘 나타나 있는가? | | | |
| 17 | 의도된 독자의 성격이 잘 표현되어 있는가? | | | |
| 18 | 모든 측면에 대해서 감정 이입이 일어났는가? | | | |
| 19 | 개인적 동기나 의도가 검토되었는가? | | | |
| 20 | 개개인들을 위험에 노출시킬 가능성이 있는가? | | | |

출처: 홍용희, 노경주, 심종희(2000). 질적사례연구, pp. 197-198.

### 3) 사례연구의 장단점

사례연구의 장점은 특정 사례의 전체적 경향성과 특성을 상세하게 파악할 수 있다는 것이다. 즉, 존재하는 맥락 안에서 발생하는 인과적 과정에 대한 심층적인 연구를 가능하게 한다는 것이다. 이는 광범위한 영역에서 관찰, 면접, 문서, 시청각 자료 등을 통해 수집한 자료를 기반으로 사례를 접근함으로써 수집된 심층적 정보에 기인한다. 반면, 소수 사례를 중심으로 연구하게 되므로 연구결과의 일반화에는 한계를 갖게 되는 질적연구의 제한점을 공유한다(김이영, 김태인, 김현정, 송명숙, 이지민, 한석실, 2015). 이러한 제한점은 〈표 3-7〉의 삼각측정과 구성원 점검방법 실시를 통해 연구의 타당성을 높일 수 있다.

〈표 3-7〉 사례연구의 타당성 제고 방안

| 구분 | 개념 |
|---|---|
| 자료의 삼각측정 | 비시각적 자료인 언어적 자료 외 사진, 비디오 녹화 자료 등 시각적 자료를 추가하여 연구의 신뢰도를 높이는 방법 |
| 연구자의 삼각측정 | 연구자 개인의 주관적 관점을 최소화하기 위해 수집된 자료분석과 해석 과정에 다른 연구자들을 참여시키는 방법 |
| 방법의 삼각측정 | 참여관찰, 작품분석, 심층면접 등의 연구방법 병행으로 수집된 자료의 타당성을 높이는 방법 |
| 구성원 점검 | 연구 참여자로 하여금 연구결과 해석에 대한 피드백을 제공하게 하여 연구 결과나 해석의 신뢰도를 높이는 방법 |

## 4) 사례연구 사례

### 사례 3 수업사례분석을 통해서 본 유아교사의 문제해결 능력

**(1) 연구목적**

유아교사들이 유치원에서 일어나는 문제 상황이 포함된 수업사례를 분석하는 능력을 통해서 교사들의 문제해결 능력을 알아보는 것임

**(2) 연구문제**

① 수업사례 분석을 통해서 본 유아교사의 문제해결 능력은 경험 수준에 따라 차이가 있는가?

② 수업사례 분석을 통해서 본 유아교사의 문제해결 능력은 수업사례에서 제시된 문제 상황을 사전에 경험했는지의 유무에 따라 차이가 있는가?

**(3) 연구방법**

① 연구대상: 4년제 대학교 유아교육학과 졸업 이상의 학력을 가진 유아교사 40명

② 자료수집방법

- 사전 진행: 연구자가 연구대상자에게 사전에 전화를 걸어 연구에 대해 설명하고 수집된 자료가 연구목적 이외에는 사용 되지 않을 것임을 밝힘
- 연구 초반: 연구대상자를 개별 방문하여 사전에 준비한 연구 안내서를 제시하고, 연구 자체에 대한 소개 및 수업사례분석에 대해 설명함
- 연구 중반: 연구대상자들의 심리적 부담감을 줄여 주기 위하여 우편 발송방법을 사용하여 질문지 작성을 요청함. 우편 발송 시 질문지, 질문지에 대한 안내문, 반송용 봉투를 동봉하여 발송하고 응답 후 반송하도록 함. 질문지의 회수율을 높이기 위하여 질문지의 도착 여부를 전화로 확인하고 문항에 대한 부가적인 설명을 하였으며 회신 여부를 재확인함

③ 신뢰도와 타당도를 높이기 위한 자료분석: 자료는 7개의 질문에 대한 서술식 응답임. 연구자가 1주일 간격으로 2주에 걸쳐 독립적으로 시행한 평정자 내 신뢰도 검정과 유아교육학과 대학원생 1인과의 평정자 간 신뢰도를 측정함

**(4) 연구결과**

① 수업사례분석을 통해서 본 유아교사의 문제해결 능력은 교사의 경력 수준에 따라 차이가 있었음

② 수업사례분석을 통해서 본 유아교사의 문제해결 능력이 수업사례에서 제시된 문제 상황의 특성에 따라 다른 결과를 나타냈음

- 문제의 핵심을 인식하는 능력, 추가 정보에 대한 관심도, 다양한 관점을 통해서 문제 상황을 이해하는 능력, 문제 상황의 이슈를 이해하는 능력, 문제 상황의 이슈에 대한 명확한 근거를 제시하는 능력, 일반적인 문제해결방법을 제시하는 능력, 구체적인 교실 상황에서 문제해결방법을 제시하는 능력 등 문제해결 능력에 관한 모든 문항에서 경력교사가 초임교사보다 문제해결 능력이 높은 것으로 나타남
- 모든 유아교사가 공감하는 '유아 급식지도의 어려움'에 관한 수업사례의 경우, 그와 유사한 사전경험을 했는지 유무가 유아교사의 문제해결 능력에 차이를 가져오지 않았으나, 대다수의 유아교사가 공감하는 '유아의 개인차로 인한 어려움'에 관한 수업사례의 경우, 사전경험이 있는 교사의 문제해결능력이 사전경험이 없는 교사의 문제해결 능력보다 높은 것으로 나타남

출처: 유정선(2001). 수업사례분석을 통해서 본 유아교사의 문제해결능력. 이화여자대학교대학원 석사학위 청구논문.

## 사례 4 유아 주도의 바깥 자유놀이에 관한 사례연구

**(1) 연구목적**

유치원에서 유아 주도의 바깥 자유놀이 실행과정을 통해 유아 주도의 바깥 자유놀이 양상 및 변화와 경험의 의미 탐색

**(2) 연구문제**

① 유아 주도의 바깥 자유놀이 양상 및 변화는 어떠한가?
② 유아 주도의 바깥 자유놀이 경험의 의미는 무엇인가?

**(3) 연구방법**

① 연구대상: 연구자 담당학급 유아 5명(만 3세-1명, 만 4세-2명, 만 5세-2명)
② 자료수집방법: 연구자가 관심을 둔 특별한 사례를 의도적으로 선택하는 목적표집방법으로 연구자의 학급 유아 5명을 대상으로 하여 참여관찰을 통하여 자료를 수집하였음. 자료수집은 카메라와 스마트폰으로 촬영한 테이프를 전사한 기록지, 현장연구일지, 유아면담 및 기타 문서 자료(유치원 교육계획, 안내문, 가정통신문, 학급교육과정, 유아평가자료, 연간교육계획안, 주간교육계획안 등이 포함됨)
③ 신뢰도와 타당도를 높이기 위한 자료분석: 5차에 걸쳐 관찰일지, 녹화자료, 유아면담, 표상자료, 사진자료를 분석하였고, 자료의 신뢰성과 타당성을 위해 다음의 사항을 진행하였음
- 연구자 검토: 연구 참여자가 유아이기 때문에 재차 확인하였고, 유아 면담을 통해 유아들 측면에서의 경험의 의미를 추가함
- 전문가 협의: 지도교수, 질적연구자, 바깥놀이 연구회와 자료분석 결과 검토
- 삼각 측정법: 연구자 삼각측정(전문가 협의)과 방법의 삼각측정(참여관찰, 유아 면담 및 문서자료 활용)을 사용함

**(4) 연구결과**

① 자유놀이 양상 및 변화: 다양한 자연 소재를 활용한 놀이가 나타났고, 자연의 부산물을 변형시켜 유아의 의도대로 자유롭게 상상하고 형태화시키는 놀이가 나타났고, 유아들은 물 · 모래 · 흙의 유연한 재료를 이용하여 놀이하였으며 이 재료는 높은 빈도로 활용되었고, 자연으로 도전하는 탐험놀이가 나타났고, 토론이 있는 놀이가 나타났고, 기본운동하기 요소를 포함한 놀이가 나타남
② 바깥 자유놀이 경험의 의미: 의미 있는 새로운 놀이 공간의 형성, 과학적 탐구태도 증진, 놀이 표현 및 전개의 다양화의 의미를 갖는 것으로 나타남

출처: 한은미(2015). 유아 주도의 바깥 자유놀이에 관한 사례 연구. 전남대학교 교육대학원 석사학위 청구논문.

# 3. 실험연구

## 1) 실험연구의 특성

실험연구(experimental research)는 변인들 간의 관계를 발견하기 위하여 통제된 상황에서 독립변인을 인위적으로 조작하여 종속변인에 미치는 영향을 객관적인 방법으로 측정하여 분석하는 연구방법이다.

실험연구는 실험집단과 통제집단을 가지고 연구를 한다. 실험집단은 일정한 실험조건인 독립변인을 조작하여 그에 따른 반응의 변화를 관찰하고자 하는 집단이다. 통제집단은 비교집단이라고도 하며, 어떠한 조작도 가하지 않고 실험집단과 어떠한 차이가 나는지를 비교하는 집단이다.

실험연구의 특징은 독립변인에 대한 인위적이고 체계적인 조작과 변인에 대한 통제로 나눌 수 있다. 독립변인에 대한 인위적이고 체계적인 조작 또는 변화는 다른 형태의 연구들과 구별되는 실험연구법의 가장 중요한 특징 중 하나인데, 이은해(1985)는 "조작(manipulation)이란 행동에 미치는 독립변인의 효과를 평가하기 위하여 환경적 조건을 의도적으로 그리고 체계적으로 변화시키는 절차"라고 하였다.

독립변인의 조작은 변인 X가 어느 특정한 사건 혹은 현상과 어떤 관계가 있는지를 알아보기 위해 연구자가 한 집단에게는 X라는 조건을 주고, 다른 집단에게는 주지 않거나 혹은 X라는 조건을 두 집단 모두에게 주되 그 정도에 차이를 둘 수 있다. 즉, 연구자는 환경의 변화가 일어나기를 기다리고 있는 것이 아니라 인위적으로 체계적이고 조직적인 변화를 일으키는 것이다. 이러한 독립변인의 인위적인 조작을 실험처치라고 부른다(황해익, 2010).

실험연구법은 독립변인을 조작한다는 특성이 있다. 자료를 수집 · 분석해서 이를 바탕으로 변인들 간의 관계를 기술 · 설명 · 예측한다는 점에서 조사연구와 유사하지만, 실험연구법은 자연적인 상황이 아니라 연구자가 관심을 가진 변인에 대한 엄격한 통제가 이루어진 상태에서 인위적으로 독립변인을 변화시키거나 조작을 통하여 종속변인에 미치는 영향을 자료로 하여 변인 간의 관계를 연구하는 것이다.

실험연구법의 또 다른 특징으로는 변인의 통제를 들 수 있다. 실험자가 독립변인을 자기 뜻대로 조작하는 것도 힘든 일이지만, 이에 못지않게 중요하고도 어려운 것은 연구 결과에 의도하지 않았던 영향을 미칠 수 있는 수많은 변인들을 적절히 통제하는 것이다. 실험연구에서 통제란 매우 중요한 사항이다. 왜냐하면 실험조건의 통제 여하와 실험의 타당성 사이에는 밀접한 관련이 있어서 조건의 통제가 제대로 되지 않은 실험연구는 그만큼 타당성을 잃게 되기 때문이다. 다시 말해, 실험 후에 나타난 변화들이 연구자의 처치, 즉 독립변인에 의한 결과라고 해석할 수 있으려면 독립변인을 제외한 종속변인에 영향을 미칠 수 있는 매개변인들을 통제해야 한다(황해익, 2010).

〈표 3-8〉 실험연구 관련 용어 의미

| 용어 | 의미 |
|---|---|
| 실험집단 | 실험처치의 효과를 검증하기 위해 처치를 주는 집단 |
| 통제집단 | 실험처치를 주지 않거나 정상적 처치를 주는 집단 |
| 독립변인 | 연구자가 의도적으로 조작하는 환경적 조건(원인) |
| 종속변인 | 환경조건에 의해 변화되는 행동특성(결과) |
| 조작 | 행동에 미치는 독립변인의 효과를 평가하기 위하여 환경적 조건을 의도적이고 체계적으로 변화시키는 절차 |
| 실험처치 | 독립변인의 인위적인 조작 |
| 매개변인 | 독립변인 이외에 종속변인에 영향을 미칠 수 있는 변인 |

## 2) 실험연구의 절차

독립변인을 의도적으로 조작하여 이에 따른 종속변인의 변화를 밝히고자 하는 실험방법은 체계적 절차를 요구하는 복잡한 과정이기 때문에 연구자는 미리 철저한 계획을 세워 연구를 진행해 나아가야 한다(황해익, 2010). 실험연구의 일반적인 절차를 살펴보면 다음과 같다.

① 연구 목적 및 주제를 선정한다.
② 연구주제와 관련된 문헌조사를 한다.
③ 연구문제를 진술하고 가설을 설정한다.
④ 실험설계를 선정하고 매개변인을 통제한다.

⑤ 실험도구를 선정한다.
⑥ 예비연구를 실시한다.
⑦ 실험자에 대한 훈련을 실시한다.
⑧ 피험자를 선정하고 실험을 실시한다.
⑨ 자료를 통계적으로 처리하고 가설을 검증한다.
⑩ 연구결과를 해석하고 보고서를 작성한다.

## 3) 실험연구의 장단점

실험연구는 통제된 상황에서 한 가지 또는 그 이상의 변인을 조작하여 변화되는 현상을 객관적으로 관찰하는 방법이다. 실험연구의 장점과 단점은 다음과 같다.

### (1) 장점

실험연구의 장점은 변인을 조작하고 매개변인을 통제할 수 있으므로 연구결과에 의하여 인과관계 분석이 가능하다는 것이다. 즉, 어떤 변화가 있었다면 이는 처치변인에 의한 결과라고 볼 수 있으므로 독립변인인 처치변인의 효과를 알 수 있다는 것이다(구광현, 2015).

- 실험변인들을 조작해서 변인들 간의 관계를 관찰하여 비실험 연구방법에 비해서 객관적인 관찰을 할 수 있다.
- 변인들 간의 인과관계의 방향성을 알아볼 수 있다.
- 반복적으로 두 변인 간의 관계에 대해서 연구할 수 있다.
- 실험연구에서는 여러 변인들 사이의 복잡한 인과관계를 규명할 수 있다.

### (2) 단점

실험연구의 단점은 연구결과를 실제 상황에 적용하는 데 문제가 따른다는 점이다. 실험연구의 결과는 변인의 처치 혹은 통제에 의한 실험 상황의 결과이며, 실제 상황의 결과가 아니다(구광현, 2015). 또한 연구자의 인위적 조작으로 인한 여러 가지 문제점이 나타나기도 한다.

- 실험실 상황과 실제 상황이 같다고 하기 어려우므로 실험연구의 결과를 실제 세계에 일반화하는 데 어려움이 있다.
- 실험연구에서는 피험자의 표본이 대표성을 결여하기 쉬우므로 그 실험결과를 전집에 일반화하는 데 위험이 게재될 가능성이 크다.
- 실험연구는 인위적 조작, 즉 실험처치가 가능한 변인의 경우에만 사용될 수 있다.
- 도구상의 문제로 인간의 정신능력을 정확하게 측정할 수 있는 도구가 있는지 혹은 편견이나 오류 없이 정확한 관찰이나 측정이 가능한 것인지 문제가 될 수 있다.

### (3) 실험연구의 타당성

실험연구는 독립변인을 인위적으로 조작하여 종속변인에 미치는 영향을 밝히고자 하는 것이므로, 연구자가 의도적으로 조작한 독립변인 이외에 다른 매개변인이 종속변인의 변화에 영향을 미치게 되면 이 실험은 신뢰할 수 없는 것이 되며 타당성이 없는 실험연구가 된다. 따라서 연구자는 연구결과에 영향을 미칠 수 있는 매개변인들을 잘 통제할 수 있도록 실험연구를 설계해야 한다. 실험연구의 타당도는 내적 타당도와 외적 타당도로 구분할 수 있다(황해익, 2010).

#### ① 내적 타당도

내적 타당도는 실험에서 제공된 처치가 그와 같은 실험의 결과를 나타나게 했는지를 묻는 것이다. 즉, 실험연구의 결과가 실험처치의 산물인지 아니면 다른 매개변인의 영향인지 여부를 말하며, 실험결과가 실험처치의 결과라고 한다면 내적 타당도가 높다고 하는 반면, 매개변인의 영향 때문이라고 한다면 그 실험은 내적 타당성이 없는 것이라 할 수 있다. 실험의 내적타당도를 저해하는 주요 요인으로는 역사, 성숙, 검사 효과, 측정도구, 통계적 회귀, 피험자 선정, 피험자 탈락, 실험처치의 확산, 통제 진단에 의한 보상 등을 들 수 있다.

#### ② 외적 타당도

외적 타당도는 연구결과의 일반화 가능성 정도를 말하는 것으로 실험에서 얻어진 결과를 다른 실험 조건이나 대상에 일반화할 수 있는 정도를 말한다. 실험의 결과를 다른 상황에 일반화할 수 있다면 이 실험은 외적 타당도가 높다고 하며, 반대로 실험의 결과가 주어진 실험집단이나 상황에 한정할 수밖에 없다면 실험의 외적 타당도는 없거나 낮다고 한다.

실험의 결과를 일반화하는 것에 관련된 외적 타당도를 저해하는 주요 요인은 모집단 타당도와 생태학적 타당도로 구분될 수 있다. 모집단 타당도는 연구에 사용되는 표본이 모집단의 특성을 충분히 반영하고 있는지를 평가하는 것이다. 이는 표집과 관련된 것으로 적절한 표집방법을 선택하면 연구결과를 모집단에 일반화할 수 있다. 나아가 실제 수집된 자료가 연구자가 처음에 의도했던 모집단을 잘 대표하고 있는지에 대한 검토도 이루어져야 한다. 생태학적 타당도는 표본 자료에서 발견된 사실들이 다른 일반적인 환경들에도 적용될 수 있는지의 여부를 검토하는 것이다. 즉, 실험집단이나 통제집단에 속한 연구대상들이 처치 변수의 투입과 상관없이 스스로 어떠한 의미를 부여하여 종속변수의 변화를 발생시킬 수 없는 것과 관련된 문제들을 말한다(성태제, 시기자, 2006).

### 4) 실험연구의 사례

실험연구의 사례로서 '자유선택활동시간의 과학실험활동이 유아의 과학적 탐구능력에 미치는 영향'에 대해서 연구하고자 할 때, 실험집단의 유아에게는 과학실험을 실시하고 통제집단(비교집단)의 유아에게는 기존의 유치원 교육활동을 실시하여 각 집단 유아들의 과학적 탐구능력 점수가 어떻게 변화했는지 분석하였다면 이는 실험적 방법을 적용한 연구라고 볼 수 있다.

다음에 제시된 사례에서는 과학실험활동이 유아의 과학적 탐구능력에 미치는 영향을 분석하였으므로 과학실험활동은 원인에 해당하는 독립변인, 유아의 과학적 탐구능력은 종속변인으로 볼 수 있다. 이때 독립변인인 과학실험활동을 실시한 집단을 실험집단, 과학실험을 실시하지 않고 실험집단과 효과 차이를 비교하기 위해 선정된 비교집단을 통제집단이라고 볼 수 있다.

### 사례 5 자유선택활동시간의 과학실험활동이 유아의 과학적 탐구능력에 미치는 영향

**(1) 연구목적**

자유선택활동시간의 과학실험활동이 유아의 과학적 탐구능력에 미치는 영향을 알아보는 데 목적을 둠

**(2) 연구문제**

자유선택활동시간의 과학실험활동이 유아의 예측능력, 관찰능력, 분류능력, 측정능력, 토의능력에 미치는 영향은 어떠한가?

**(3) 연구방법**

① 연구대상: 대전시에 소재하고 있는 P 유치원 만 5세 유아 2학급을 선정하여 1학급 유아 31명을 실험집단으로 지정하고, 다른 학급 28명을 통제집단으로 하였음

② 연구도구: 연구의 실험처치는 2006년 9월 19일부터 12월 1일까지 10주 동안 자유선택활동시간에 과학실험활동을 실시하였음. 실험집단은 생활주제 중심의 10가지 과학실험활동을 진행하였으며, 통제집단은 생활주제 중심의 과학영역 활동으로 이루어졌음. 검사도구는 'Martin(1997)의 탐구능력 평가 척도'를 사용하였으며, Lind(1996), Martin(1997), Waite-Stupiansky(1997)가 제시한 다섯 가지 탐구능력 영역별 준거를 기준으로 한 5점 리커트 척도인 이경민(2000)의 연구도구를 사용하였음

③ 자료분석: 자료분석은 자유선택활동에서 실시한 과학실험활동의 효과를 알아보기 위하여, 실험집단과 통제집단의 과학적 탐구능력 사전검사와 사후검사의 평균과 표준편차를 산출하였으며, 사전검사 결과를 공변인으로 하여 사후검사 결과에 대한 공변량분석을 실시하였음. 이상의 통계처리는 SPSS/for Windows 10.0을 이용하였음

**(4) 연구결과**

자유선택활동시간의 과학실험활동이 유아의 과학적 탐구능력 중 예측능력, 관찰능력, 분류능력, 측정능력, 토의능력, 탐구능력에 긍정적인 영향을 미치는 것으로 나타났음. 결론적으로 자유선택활동시간의 과학실험활동이 유아의 과학적 탐구능력에 긍정적인 영향을 미치는 것으로 나타났음

출처: 정현주(2008). 자유선택활동시간의 과학실험활동이 유아의 과학적 탐구능력에 미치는 영향. 배재대학교대학원 석사학위청구논문.

## 사례 6 유아의 통합적 창의성 증진을 위한 창의극 프로그램의 개발 및 효과

**(1) 연구목적**

유아 창의성의 인지적 · 정의적 · 환경적 요인이 상호작용하여 나타난 통합적 결과라고 보는 통합적 접근에 기초하여 그림책을 읽고 다양한 창의극 활동을 경험하는 창의극 프로그램을 개발하고 효과를 검증하고자 함

**(2) 연구문제**

창의극 프로그램이 유아의 통합적 창의성에 미치는 효과는 어떠한가?

**(3) 연구방법**

① 연구대상: J 어린이집의 유아 17명을 대상으로 실험집단을 선정하고, T 어린이집의 유아 17명을 대상으로 비교집단을 선정함. 실험집단에게는 창의극 프로그램을 10주 동안 운영하여 창의성 효과를 측정함. 비교집단에게는 기존의 어린이집에서 실시하는 프로그램에 참여하도록 하고 창의성 효과를 측정함

② 연구도구: 유아의 통합적 창의성을 측정하기 위해 유아종합 창의성 검사, 창의적 문제해결 능력, 유아 창의적 특성 검사를 시행하였음. 유아종합 창의성 검사는 표준화된 검사도구로서 언어, 도형, 신체의 3개 영역에서 유창성, 융통성, 상상력의 창의성 하위 영역을 측정할 수 있도록 구성됨. 창의적 문제해결 능력은 총 12문항으로 구성된 5점 리커트 척도로 구성됨. 유아 창의적 특성 검사는 교사나 부모가 일차적으로 관찰을 통해 창의적 특성을 알아볼 수 있도록 간편하게 체크리스트 형식으로 구성된 표준화된 검사도구임

③ 자료분석: 자료 분석은 유아의 창의극 프로그램의 효과를 알아보기 위하여, 실험집단과 통제집단의 창의력 사전검사와 사후검사의 평균과 표준편차를 산출하였으며, 사전검사 결과를 공변인으로 하여 사후검사 결과에 대한 공변량분석을 실시하였음. 이상의 통계처리는 SPSS/for Windows 12.0을 이용하였음

**(4) 연구결과**

실험결과 이 연구에서 개발된 창의극 프로그램은 유아의 언어적 측면인 유창성, 융통성, 독창성, 문제해결력과 같은 창의성의 인지적 요소와 민감성, 호기심과 같은 창의적 인성 등을 향상시켰음. 따라서 유아의 창의극 프로그램은 창의성의 인지적 · 정의적 요소를 통합적으로 증진시키는 데 효과적임을 알 수 있었음

출처: 현은자, 최경(2010). 유아의 통합적 창의성 증진을 위한 창의극 프로그램의 개발 및 효과. 유아교육연구, 30(5), 27-52.

# 제2부

# 아동관찰 및 행동연구 실제

# 제4장 관찰자의 역할과 준비

## 1. 관찰자의 자세와 유의점

관찰 실습생은 교사도 아니고 학생도 아닌 애매한 지위로 인한 어려움이 있으며, 원장 · 교사 · 유아 · 학부모 등 다양한 인간관계 요구로 인한 어려움과 관찰 기록과 교사의 보조역할을 동시에 수행해야 하는 데 따른 여러 가지 어려움이 있다. 이 절에서는 유아교육현장에서 일어날 수 있는 사례를 살펴보고, 관찰자의 역할과 태도 및 유의점, 윤리적 문제를 살펴본다.

### 1) 관찰 실습생과 지도교사 사례

나는 H 대학 유아교육과 1학년에 재학 중이다. 1학년 1학기 수강한 교과목에서 유아교육기관을 방문하여 유아를 관찰하고 기록하는 과제물을 받았다. 처음으로 유아교육기관에 가게 되어 긴장도 많이 되고 기대감도 컸다. 아침 9시까지 유아교육기관에 가기로 되어 있었는데, 버스가 늦는 바람에 5분 지각했다. 약간 걱정하면서 교실로 들어선 순간 밝은 표정으로 맞아주는 선생님과 아이들을 보고 기분이 좋아졌다. 때마침 자유놀이시간이었고, 나는 선생님과 눈인사를 나누었다. 선생님은 바쁜 일이 있는지 잠깐 나와 눈을 마주친 후 미술영역에서 아이들과 활동을 하신다. 몇몇 아이들은 나에게 다가와 누구냐고 묻는다. 학교에서 알려준 대로 "음 난 학생선생님이야."라고 대답하자, 또 다시 "이름이 뭐예요?"라고 되묻는다. 나는 간단히 이름을 말해 준 후, 필기도구를 꺼내 유아들을 관찰기록하기 시작했다.

20○○. ○. 실습생 ○○○

나는 K 유치원 만 5세 학급 교사다. 올해 H 대학과 연계교과 운영을 하기로 방침이 정해져서 오늘 관찰실습생이 오기로 했다. 유치원 활동을 참관하고 기록한다고 하니까 조금 신경이 쓰인다. 더군다나 1학년 학생이라고 하여 더욱 부담감이 있다. 어제 퇴근 전에 교실을 좀 더 깔끔하게 정리해 두었다. 아침 9시가 되었는데도 실습생이 오지 않는다. 왜일까? 이 시간은 2차 등원 유아들이 등원하는 시간대이고, 어제 미술활동을 마치지 못하고 귀가한 1차 등원 유아들의 미술활동에 도움을 주고 있기 때문에 교사실에 들러 원감님에게 이야기할 시간도 없다. 잠시 고민하는 동안 실습생이 교실로 들어왔다. 아이들에게 어제 미리 이야기를 해 두어서인지 실습생에게 다가가서 말을 붙인다. 실습생은 교실 입구 근처에서 나와 눈인사를 나눈 후 아이들과 이야기한다. 나는 다시 미술활동을 하고 있는 유아들에게 집중한다. '아니, 늦게 왔으면 정식으로 나에게 죄송하다고 사과해야 하는 것 아닌가?'라는 생각이 들고, 공연히 기분이 나빠진다. 미술활동이 마무리되어 갈 즈음 고개를 들어 실습생을 보니, 수첩을 꺼내 무엇인가 기록하기 시작한다. '무얼 적고 있는 걸까? 혹시 내 행동을 관찰하고 적는 것은 아닐까?' 불편하다.

20○○. ○. 지도교사 □□□

**활동 4-1** 실습생과 지도교사의 사례를 읽고 실습생의 대안적 행동과 지도교사의 대안적 행동에 대해 조별로 토론하고 정리하여 기록하세요.

• 실습생은

했더라면 좋았을 텐데…….

• 지도교사는

했더라면 좋았을 텐데…….

### 2) 실습생의 역할

- 유아교육기관에서 이루어지는 교수-학습활동을 관찰하고 기록한다.
- 유사시에 지도교사를 보조하여 유아를 지도한다.

### 3) 실습생의 태도

- 복장과 용모는 항상 청결하고 단정해야 하고 편안한 복장을 한다.
- 정해진 시간 5분 전에 입실하여 준비한다.
- 부득이하게 현장실습 일시를 지킬 수 없을 시에는 반드시 유아교육기관에 미리 연락을 취한다.
- 휴대전화는 전원을 끄거나 매너모드 상태로 전환하고 사용하지 않는다.
- 필기도구와 기록지는 항상 휴대하여 기록한다.
- 교직원이 시설 및 교육목표 등에 대해 설명할 때 기록 가능한 것은 기록한다.
- 허락 없이 사진 촬영을 하지 않는다.
- 현장관찰 종료 시 지도교사에게 보고하고 인사한 후 귀가한다.
- 항상 밝고 부드러운 태도로 대하고 유아교사로서 적절한 언어를 사용한다.

### 4) 관찰 시 유의점

- 관찰 시작 전에 관찰의 목적과 방법을 신중히 결정한다.
- 관찰 시 준비물을 사전에 완벽하게 준비한다.
- 관찰자는 보이는 그대로를 관찰하고 기록한다. 관찰방법에 따른 유의점을 숙지하고 관찰된 사실에 따라 객관적으로 기록해야 한다.
- 관찰과 관련된 오류를 숙지하고 점검하여 실수하지 않도록 한다. 특히, 관찰자의 편견이나 기대가 없어야 한다.
- 교사 및 유아에게 방해가 되지 않도록 눈에 띄지 않는 곳에 앉아 관찰한다. 교실에 있는 대상 중 특정인을 관찰하고자 할 때는 대상이 감시당하는 느낌을 갖지 않도록 주의한다. 특히, 교사를 관찰할 경우 사전에 관찰의 목적을 충분히 설명하여 이해를

구하고 허락을 받는다.

- 관찰결과의 토론은 수업과 관련된 전문적 필요시에만 언급되어야 하며, 유아나 부모 또는 외부인 앞에서 관찰한 내용에 대해 언급하지 않는다.
- 관찰 참여 기간 중 그 주에 제시된 과제를 수행한다. 만약 교실의 상황으로 관찰을 할 수 없을 경우, 지도교수 및 담임교사와 논의한다.

### 5) 관찰의 윤리적 문제

유아는 자신의 권리를 스스로 옹호할 힘이 부족하기 때문에 관찰에서 윤리적 문제를 세심하게 살펴보아야 한다. 관찰 실습생이나 관찰을 통해 연구하고자 하는 연구자의 경우에 반드시 고려해야 할 윤리적 문제는 기관과 유아에 대한 비밀 유지 문제, 정규 교육과정 운영 침해 및 유아의 권리 침해 문제를 들 수 있다. 이에 더하여 실험집단/통제집단 설계방법의 실험연구에서 통제집단에 대한 프로그램 혜택의 배제 문제 등이 있다.

- 비밀 유지의 문제
  - 기관이나 유아에 대해 알게 된 사실을 외부에 유출하지 않아야 한다.
  - 기관 내부 및 외부 사진이나 유아의 활동 사진을 허락 없이 촬영하지 않고, 촬영한 사진을 외부로 유출하지 않는다.
  - 연구논문을 작성할 때에는 연구대상 기관명과 유아명을 가명으로 기록하여 사생활을 보호해야 한다.

- 관찰대상의 권리 침해 문제
  - 유아교육기관의 정규 교육과정 운영을 심각하게 침해하는 관찰을 해서는 안 된다. 특히, 실험연구에서 정규 교육과정 운영의 많은 시간을 할애해야 하는 경우가 발생할 수 있는데, 이에 대한 고려를 충분히 해야 한다.
  - 유아대상의 조사연구에서는 면담법을 많이 사용하게 되는데, 이때 유아가 참여를 거부하는 의사를 표현하면 즉시 멈추어야 한다. 또한 자유선택활동에 대한 관찰을 수행할 경우에 유아의 놀이에 불편을 끼치는 일을 삼가야 한다.

- 프로그램 혜택의 배제 문제
  - 교육 프로그램 효과 연구의 경우 흔히 실험집단/통제집단 설계를 사용하게 되는데, 대체로 프로그램이 유아에게 교육적으로 혜택이 된다. 따라서 연구 종료 후에라도 실험 내용(교육 프로그램)을 통제집단에게 추가로 제공하여야 한다.

**활동 4-2** 다음 체크리스트를 이용하여 자신의 복장과 용모를 체크해 보세요. 추가할 점검 내용이 있으면, 빈 칸에 첨가하여 기록하세요.

| 번호 | 점검 내용 | 적합 | 부적합 |
|---|---|---|---|
| 1 | 앞머리를 길게 하여 눈을 가리지 않는다. | | |
| 2 | 자연스럽지 않은 원색적인 머리 염색은 피한다. | | |
| 3 | 너무 과하지 않게 엷은 화장을 한다. | | |
| 4 | 진한 향의 화장품이나 향수를 사용하지 않는다. | | |
| 5 | 손톱을 짧게 하고 항상 청결하게 관리한다. | | |
| 6 | 반지, 팔찌 등 너무 과한 장신구를 부착하지 않는다. | | |
| 7 | 민소매 옷을 입지 않는다. | | |
| 8 | 가슴이 깊게 패인 옷을 입지 않는다. | | |
| 9 | 무릎 위로 올라가는 너무 짧은 치마는 피한다. | | |
| 10 | 찢어진(멋내기용으로) 청바지를 입지 않는다. | | |
| 11 | 속이 훤히 비치는 지나치게 얇은 옷을 피한다. | | |
| 12 | 맨발로 다니지 않는다. | | |
| 13 | 발톱을 짧게 하고 항상 청결하게 관리한다. | | |
| 14 | 스타킹은 살색과 커피색을 기본으로 한다. | | |
| 15 | 굽이 너무 높고 뾰족한 구두를 피한다. | | |
| 16 | | | |
| 17 | | | |
| 18 | | | |

### 6) 실습생 유의사항

관찰 실습생에게 예상되는 어려움과 극복방안에 대해서 서로 이야기를 나눠 본다.

**활동 4-3** 관찰 실습 수행 시 예상되는 어려움은 무엇인지 생각하고 기록하세요.

| 예상되는 어려움 | 극복 방안 |
|---|---|
| (예) 학부모가 교사라고 생각하고 질문을 할 때, 실습생이라는 애매한 지위 때문에 어떻게 응대할지 곤란하다. | (예) 먼저 본인이 실습생임을 밝히고 담임교사를 찾아 응대할 수 있도록 한다. 만약 담임교사를 찾기 힘들다면, 메모를 전달하도록 한다. |
| | |
| | |
| | |

**활동 4-4** 오늘 학습 내용 중에서 관찰 실습생으로서 내가 가장 유의해야 할 점을 다섯 가지 적으세요.

• 실습생으로서 나는

1.

2.

3.

4.

5.

을 유의하겠습니다.

# 2. 관찰의 절차

## 1) 관찰 계획

아동행동을 관찰하기 위해서 사전에 관찰의 목적, 내용, 방법에 대해 충분히 계획해야 한다. 즉, 무엇(내용)을, 어떻게(방법), 왜(목적) 관찰하는가에 대한 계획이다. 먼저, 관찰의 목적을 수립해야 한다. 그런 다음 관찰 목적을 달성하기 위해 가장 적합한 아동행동을 표집해야 한다. 그리고 마지막으로 그 행동을 측정 · 기록하기에 적절한 방법을 수립해야 한다.

예를 들어, 교사가 정기적인 부모 개별 상담을 위한 정보수집을 위해 학급 유아들의 소근육 발달 정도(목적)를 알아보려고 할 수 있다. 이를 위해 교사는 여러 가지 행동 중 하루 일과 업무를 수행하면서도 동시에 자료를 수집하기 위해 수많은 행동 중에서 자유화 그리기(내용 1)와 가위질하기 행동(내용 2)을 표집 선택할 수 있다. 자유화 그리기는 월요일 아침모임 시간에 주말 지낸 이야기를 나눈 후 사후활동으로 '주말에 있었던 일 그리기' 활동을 하도록 하고, 완성한 그림을 교사에게 가져오도록 안내한다. 교사는 유아가 그린 그림에 날짜와 간단한 그림 설명을 표시하여 보관한다(방법 1). 수요일에 교사는 새로운 미술활동으로 '가면 만들기' 활동을 안내해 준다. 기본 마닐라지에 다양한 형태의 가면 그림이 그려 있고, 유아가 원하는 모양을 선택해 가위로 오리고 꾸밀 수 있도록 준비된 활동을 계획한다. 가면 만들기 활동은 자유선택활동 시 미술영역에서 할 수 있도록 제공하고, 교사는 별도의 기록지를 준비하여 유아의 가위질 행동을 관찰 기록한다(방법 2).

## 2) 관찰 실행

계획단계에서 수립한 대로 관찰을 수행한다. 관찰기록은 관찰과 동시에 이루어지는 것이 가장 바람직하므로 기록할 수 있는 용지를 미리 준비해 두는 것이 필요하다. 이때 유아는 교사의 행동에 궁금증을 느끼게 되므로 유아가 알아채지 못할 방식으로 부호화하여 기록하는 것이 좋다. 일과기록 방식과 같은 서술식 관찰 기록은 관찰 시에 관찰 장면에 대한 상세한 기록이 어렵기 때문에 핵심어를 중심으로 간략하게 기록하고 추가적인 설명은 일과가 끝난 후에 보충하여 기록하는 것이 바람직하다.

또한 예기치 못한 상황이 발생할 경우, 융통성 있게 관찰 계획을 변경 수행하도록 한다. 예를 들어, 교사가 자유선택활동 시 유아 3명을 관찰하기로 했으나, 그날따라 도움을 요구하는 유아가 많아서 교사가 대상 유아를 관찰할 수 없거나 관찰이 계획된 유아가 그날 활동을 거부하거나 결석을 하는 등 다양한 변수가 발생할 수 있다. 특히, 담임교사가 여러 가지 목적으로 관찰을 수행할 경우 상호작용자로서의 역할과 관찰자로서의 역할을 적절히 안배하도록 해야 한다.

### 3) 관찰 결과의 분석

행동 유무를 기록하는 체크리스트 관찰 양식지나 행동의 질적 수준에 따라 3점 혹은 4점으로 구분하여 기록하는 척도형 관찰 양식지에 기초하여 관찰한 결과의 분석은 비교적 수월하다. 그러나 문제행동을 지도할 목적으로 아동행동을 일화기록법, ABC 사건표집법 등의 방법으로 수집한 관찰 결과를 분석할 때는 세심한 주의가 필요하다. 즉, 제한적인 자료로 너무 많은 것을 분석하려 하면 안된다. 예를 들면, 유아의 친사회적인 행동을 알아보기 위해 단 하루의 일화기록만으로 분석해서는 안 된다. 그날 대상 유아가 건강상태가 좋지 않았거나 가정에서 좋지 않은 일이 있었던 것이 관찰 행동에 부정적인 영향을 미쳤을 수도 있기 때문이다.

# 제5장 유아교육기관 일과에 대한 이해와 관찰

## 1. 유아교육기관 일과에 대한 이해

☞ 학습목표와 학습절차

유아교육기관에서는 하루 일과의 다양한 활동을 통해 유아들의 전인적 발달을 도모할 수 있는 질적인 교육을 제공하므로 유아교육기관에서의 하루 일과의 내용과 구성 원리를 이해하는 것이 중요하다.

소개: 유아교육기관 일과운영의 원리

⇩

실습: 관찰 및 기록

⇩

토론: 일과운영의 내용과 의미 찾기

⇩

정리: 일과운영의 원리 요약

## 1) 유아교육기관 일과운영의 원리

유아교육기관의 일과는 유아의 발달 수준과 흥미, 지역사회의 특성, 부모의 요구 등을 고려하여 유아교육기관의 운영 시간과 교사 대 유아의 비율에 따라 다양하게 운영되어야 한다(교육과학기술부, 2009). 유아교육기관의 하루 일과는 유아의 발달 및 생활에 지대한 영향을 미치기 때문에 교사는 유아의 일과를 면밀히 관찰하여 유아교육기관에서 행복하고 즐거운 일과를 보낼 수 있도록 지원해야 한다(황해익, 최혜진, 정혜영, 권유선, 2014).

### (1) 등원

일과운영의 시작은 유아들이 유아교육기관에 도착하면서부터 시작되고, 교사는 유아들을 반갑게 맞이하면서 유아들의 기분이나 건강 상태 등을 잘 살핀다.

### (2) 자유선택활동

자유선택활동은 보통 실내 · 실외로 구분하여 이루어지며, 실내인 경우 교실마다 연령별로 여러 흥미영역으로 나누고, 주제에 적합한 교구 등을 비치한다. 실외인 경우에도 다양한 흥미영역을 마련하고, 영유아가 마음껏 신나게 뛰어 놀며 날씨와 자연의 변화를 느낄 수 있는 흥미영역을 마련한다(황해익 외, 2014). 교사는 유아들과 함께 놀이를 통해 상호작용을 하면서 각 유아들의 발달 수준이나 흥미 등을 파악한다. 자유선택활동은 유아교육기관의 하루 일과 중 많은 시간을 차지하는 중요한 활동 시간이므로 하루 일과의 1~2시간 정도 배정하는 것을 원칙으로 한다.

### (3) 정리정돈

정리정돈은 대부분 활동을 하고 난 후 자유선택활동의 마무리 단계에서 이루어진다.

### (4) 집단활동

유아들의 흥미나 발달 수준을 고려하여 가능한 활동으로 이야기나누기, 동화 · 동시 · 동극 활동, 노래 부르기, 신체활동, 게임 등으로 활동을 계획한다. 집단활동인 경우 유아들의 주의 집중을 위한 장소와 유아들이 앉을 좌석 배치를 함께 고려해야 한다. 또한 유아 수, 교사 수, 교실활동, 자료 구비, 교사의 수업능력 등이 고려되어야 한다.

(5) 급식 · 간식

급식 · 간식은 일정한 시간에 급식 · 간식을 먹도록 계획하며, 올바른 식습관 형성이 이루어지도록 계획한다. 연령별로 식사시간이나 유아들이 먹는 식사량을 계획하고 운영해야 하며, 저연령일수록 시간을 충분히 계획해야 한다.

(6) 낮잠 및 휴식

방과 후 과정을 운영하거나 놀이를 한 후 유아들의 피로감과 긴장감을 풀고 건강한 생활을 할 수 있도록 계획한다.

(7) 현장학습

생활주제와 관련하여 교실 외 현장에서 직접적이고 구체적인 경험을 통해 이루어지는 활동이다. 1년 동안 수시로 이루어지고, 현장 사전답사나 이동 차량 등에 대한 점검이 사전에 이루어져야 한다.

(8) 평가 및 귀가

하루 일과가 끝난 후 가장 재미있었던 일이나 힘들었던 일들을 회상해 보고, 교사와 유아가 함께 평가하여 유아들의 경험과 느낌을 이야기해 볼 수 있도록 계획한다.

## 2) 관찰 및 기록

**활동 5-1** 유아들의 일과를 살펴보고, 일과명을 기록하세요.

[관찰 기록지 지침]

① 다음의 관찰 기록지를 일과명에 주의하여 살펴본다.

② 관찰학급, 관찰일시, 관찰자 이름을 적는다.

③ 구분 가능한 일과 활동을 시간과 함께 일과명을 기록한다.

④ 일과명은 기록지 하단의 '일과명 보기'를 참고하여 기록한다.

<table>
<tr><td rowspan="2">관찰학급</td><td rowspan="2">반(만 세)</td><td>관찰일시</td><td></td></tr>
<tr><td>관찰자</td><td></td></tr>
<tr><td>일과 시간표</td><td colspan="3">일과명</td></tr>
<tr><td>– 09:00</td><td colspan="3">등원</td></tr>
<tr><td></td><td colspan="3"></td></tr>
<tr><td></td><td colspan="3"></td></tr>
<tr><td></td><td colspan="3"></td></tr>
<tr><td></td><td colspan="3"></td></tr>
<tr><td></td><td colspan="3"></td></tr>
<tr><td></td><td colspan="3"></td></tr>
</table>

〈일과명 보기〉
등원, 자유선택활동, 정리정돈, 새노래, 동화 · 동시 · 동극, 급식 · 간식, 바깥놀이, 체육활동, 신체활동, 게임, 요리활동, 낮잠 및 휴식, 현장학습, 평가 및 귀가

### 3) 일과운영의 내용과 의미 찾기

#### (1) 생각 나누기

**활동 5-2** 일과운영의 내용과 전략을 찾아보고 다른 사람과 생각 나누기를 해 보세요. 유아교육기관 학급별로 이루어진 일과운영을 조사한 후 사례를 발표해 보세요.

#### (2) 일과 계획 운영 지침

- 교육활동은 각 활동 영역의 성격에 따라 이야기나누기, 자유선택활동, 토의, 실험, 관찰, 조사, 바깥놀이, 현장체험학습 등 다양한 수업방법을 활용한다.
- 교육활동 유형은 균형 있게 안배한다(동적 · 정적 활동, 실내 · 실외 활동, 개별 · 소집단 · 대집단 활동, 대 · 소근육 활동, 유아–유아, 유아–교사 주도 활동).
- 일과 계획 시에는 자유선택활동 시간을 충분히 제공하며 유아 주도적으로 놀이를 계획–실행–평가하는 과정을 포함하여 다양하게 구성한다.
- 일과운영 중 1일 1시간 이상의 바깥놀이(대근육 활동 시간 포함) 시간을 반드시 확보하여 충분한 신체활동을 제공한다.
- 일과운영 평가는 교육과정의 목표와 내용을 어느 정도 달성했는지 평가하고 그 결과를 다음 활동 계획에 반영한다.

### (3) 토론하기

**활동 5-3** 다음의 질문 중에서 한 가지를 선택하고 조별로 간단하게 요약한 후 2분 이내로 발표하세요.

- 일과운영을 계획함에 있어 교육활동 유형이 균형 있게 잘 안배되도록 하였나요?
- 일과운영 중 바깥놀이 시간을 확보하여 유아들에게 충분히 활동을 제공하였나요?

## 4) 일과운영의 원리 요약

일과운영은 계획-실행-평가의 절차에 따라 순환적으로 이루어짐으로써 교육과정 계획과 실행에 지속적인 발전이 가능하다(교육과학기술부, 2009).

- 일과운영은 유아의 흥미나 요구에 따라 융통성 있게 계획하고 운영한다.
- 일과운영은 활동과 활동 간의 전이가 자연스럽게 이루어지도록 한다.
- 일과운영은 활동 유형에 따라 개별, 소집단, 대집단 활동 등으로 균형적으로 운영한다.
- 일과운영은 유아들이 적극적으로 참여하고 스스로 의사를 결정할 수 있도록 계획한다.
- 일과운영은 등원에서부터 일과를 마치는 귀가시간까지 포함하도록 한다.

# 2. 등원 · 하원

☞ 학습목표와 학습절차

유아교육기관의 일과운영에서 등원 · 하원 시간을 살펴보고, 이 시간에 일어나는 교사의 역할과 자연스러운 지도방법에 대해 알아본다.

소개: 유아교육기관 일과운영에서의 등원 · 하원

⇩

실습: 등원 · 하원의 관찰 및 기록

⇩

토론: 등원 · 하원의 내용과 의미 찾기

⇩

정리: 효과적인 등원 · 하원 지도

활동 5-4 유아교육기관 일과운영에서 '등원 · 하원'하면 떠오르는 것은 무엇인가요?

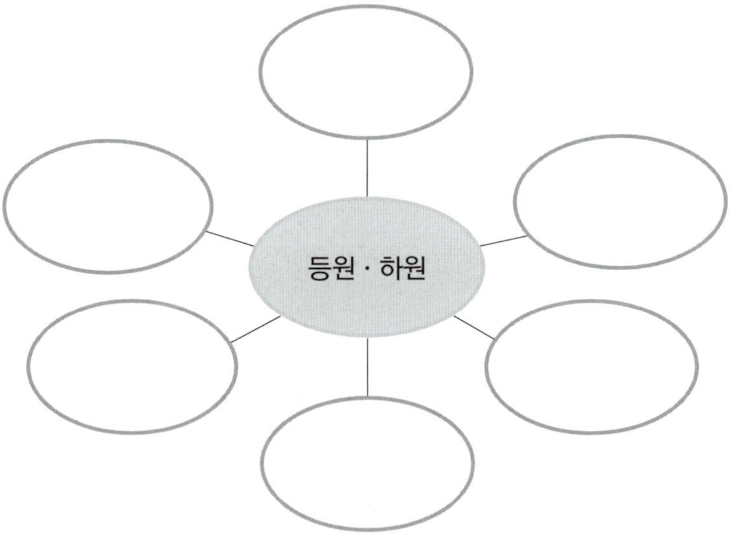


## 1) 유아교육기관 일과운영에서의 등원 · 하원

등원 · 하원은 유아들이 유아교육기관에서의 일과를 시작하거나 마무리하고 가정으로 돌아가기 위한 준비를 하는 시간이다. 이 시간에는 부모와 헤어짐 또는 만남, 교사나 친구와의 인사, 소지품 정리, 하루 일과의 평가, 가정에 전달해야 하는 공지사항 안내, 귀가 안전 지도, 다음날 이루어질 활동에 대한 소개 등이 이루어진다.

### (1) 등원

등원은 유아 교육 기관에서의 일과의 시작으로, 기관에서 유아들이 편안하고 즐거운 마음으로 하루를 시작할 수 있도록 유아들에게 개별적인 관심을 표현하면서 심리적 · 물리적 환경을 조성해야 한다. 유아가 아침에 교실에 들어오면서 따뜻하고 반가운 분위기를 경험하는 것은 중요하다. 등원시간에는 교사가 유아와 눈을 맞추고 반갑게 인사를 나누면서 안색을 살핌으로써 유아의 신체 및 심리 상태를 점검한다. 유아는 교사와 인사를 나눈 뒤 약속된 방법으로 출석을 표시한 후 교실에 제시된 일과 혹은 영역활동 계획표를 보고 오늘 하루가 어떻게 진행될지에 대한 정보를 얻는다.

등원 시 교사와 인사하기

등원 시 출석판에 이름붙이기

### (2) 하원

교사는 유아가 오늘의 활동을 잘 마무리하고 자연스럽게 가정생활로 전이가 이루어질 수 있도록 일과 중 겪었던 신체 및 심리적 변화를 점검하여 유아들이 건강하고 즐거운 마음으로 다음 날 활동을 기대하며 귀가할 수 있도록 배려해야 한다. 유아들이 유아교육기관에서의 시간을 어떤 느낌으로 기억하는가는 귀가 직전의 정서와 밀접하게 관련된다. 또한 유아들과의 기분 좋은 마무리는 교사가 다음 업무로 편안하게 전환하도록 하는 데에도 긍정적인 영향을 미친다. 일과를 마치고 집에 돌아가기 전 유아들이 자신의 개인 소지품을 챙길 수 있도록 안내하고, 소지품을 모두 정리한 유아는 함께 모이는 자리에 와서 앉도록 지도한다. 교사는 전체 유아를 대상으로 일과를 지내면서 유아들의 기분에 대해 질문하고 답변하며 다음 날 있을 활동에 대해 소개해 준다. 일과에 대한 회상 및 다음 날 활동에 대한 소개가 끝난 후에, 수첩이나 유아가 직접 만든 작품 등을 챙겨 준다. 귀가 노래를 부른 후, 유아의 이름을 한 명씩 다정하게 불러 주고 인사하며 집으로 보낸다.

하원 준비 가방 챙기기

하원 시 현관에서 학부모와 만나기

### 2) 관찰 및 기록

등원 · 하원 지도가 유아의 연령에 적합한지 소요시간을 살펴보고, 너무 길어져 이야기 나누기를 한 번 더 하는 상황이 되지 않는지 관찰하여 평가한다.

활동 5-5 등원지도의 내용을 관찰하여 유무를 관찰 결과 칸에 ✓ 표시하세요.

| 관찰학급 | 반 (만 세) | 관찰일시 | |
|---|---|---|---|
| | | 관찰자 | |

| 범주 | 등원 시 유아의 행동 | 실시자 | | |
|---|---|---|---|---|
| | | 영유아 스스로 | 교사가 전적으로 | 교사의 도움으로 유아가 |
| 등원 시 유아의 행동 | 부모와 헤어지기/못 떨어짐 | | | |
| | 교사와 인사하기 | | | |
| | 친구와 인사하기 | | | |
| | 겉옷/신발 정리하기 | | | |
| | 소지품 정리하기 | | | |
| | 제출할 준비물/물건 교사에게 제출하기 | | | |
| | 이름표 붙이기 | | | |
| | 놀이 계획표 붙이기 | | | |
| | 각종 당번표/순서표 붙이기 | | | |
| | 준비된 활동 시작하기 | | | |
| | 아무것도 안 하고 돌아다니기 | | | |
| | 기타( ) | | | |

| 범주 | 내용 | 관찰결과 | |
|---|---|---|---|
| | | 유 | 무 |
| 등원 시 교사의 행동 | 해당 유아 반기기/달래 주기 | | |
| | 부모와 간단히 면담하기 | | |
| | 겉옷/신발 정리 돕기 | | |
| | 소지품 정리 돕기 | | |
| | 유아에게 준비된 활동 소개하기 | | |
| | 유아에게 할 일 안내하기 | | |
| | 유아에게 놀이 소개하기 | | |
| | 다른 유아와 상호작용하기 | | |
| | 다른 활동 준비하기 | | |
| | 기타( ) | | |

활동 5-6 하원지도의 내용을 관찰하여 유무를 관찰결과 칸에 ✓ 표시하세요.

| 관찰학급 | 반 (만 세) | 관찰일시 | |
|---|---|---|---|
| | | 관찰자 | |

| 범주 | 내용 | 관찰결과 | |
|---|---|---|---|
| | | 유 | 무 |
| 일과의 평가 | 유아들이 하루를 지내면서 가졌던 감정에 대한 평가 | | |
| | 학급 운영과 관련된 규칙 상기 | | |
| | 일과 중 사전 계획과 달라진 부분이 있는 경우 그에 대한 설명과 대책 논의 | | |
| | 교사가 하루를 지내면서 가졌던 감정에 대한 평가 | | |
| | 유아들이 완성한 작품 언급 | | |
| | 기타( ) | | |
| 유아를 통한 공지사항 안내 | 다음 날 있을 특별한 활동에 대한 이야기 | | |
| | 준비물 상기 | | |
| | 가정에서 해야 하는 과업에 대한 언급 | | |
| | 부모에게 전달해야 하는 사항이나 협조 사항 | | |
| | 귀가 시 안전에 대한 주의 | | |
| | 기타( ) | | |

| 범주 | 귀가 준비 내용 | 실시자 | | |
|---|---|---|---|---|
| | | 영유아 스스로 | 교사가 전적으로 | 교사의 도움으로 유아가 |
| 귀가 준비 | 놀던 놀이감이나 작품 추가 정리 | | | |
| | 화장실 다녀오기 | | | |
| | 씻기 및 옷 갈아입기 | | | |
| | 겉옷 입기/신발 준비(신기) | | | |
| | 소지품 챙기기 | | | |
| | 알림장/가정통신문 주기/챙기기 | | | |
| | 인사하기(말, 악수, 노래 등) | | | |
| | 기타( ) | | | |

### 3) 등원 · 하원의 내용과 의미 찾기

**활동 5-7** 관찰 실습 수행 후 〈활동 5-4〉를 다시 한 번 브레인스토밍해 보세요. 이때 사전 브레인스토밍 결과를 기록한 펜과 다른 색깔의 펜을 사용하여 전후를 비교해 보세요(활동 5-4 활용 p. 80).

### 4) 효과적인 등원 · 하원지도

활동 5-8 등원 · 하원지도를 관찰하고 인상적인 교사의 태도는 무엇이었는지 기록해 보세요.

활동 5-9 등원 · 하원지도 시 중요한 점은 무엇이라고 생각하는지 기록해 보세요.

# 3. 급식 · 간식

☞ 학습목표와 학습절차

유아교육기관에서 일과 운영 중에 이루어지는 급식 · 간식은 유아들에게 충분한 영양 공급뿐만이 아니라 교사–유아 간 개별적인 긍정적 관계 형성, 올바른 식생활 습관을 형성할 수 있는 시간으로 유아교육기관 급식 · 간식의 중요성과 지도원리를 이해한다.

소개: 유아교육기관 일과운영에서의 급식 · 간식

⇩

실습: 급식 · 간식의 관찰 및 기록

⇩

토론: 급식 · 간식의 내용과 의미 찾기

⇩

정리: 급식 · 간식 지도의 유의점

## 1) 유아교육기관 일과운영에서의 급식 · 간식

유아교육기관에서의 급식 · 간식 시간을 통해 유아는 또래들과 함께 먹는 즐거움을 느끼고, 필요한 영양소를 보충하며, 바른 식습관 태도 형성과 도구의 사용법, 스스로 먹는 양을 조절할 수 있는 능력 등을 기를 수 있다(김희진, 박은혜, 이지현, 2011). 급식 · 간식은 일과운영 중 시간에 따라 달라지는데 대부분 일정 시간에 먹도록 계획한다.

### (1) 간식

- 적당량의 간식을 식사와 식사 중간에 상황에 맞도록 유아들에게 제공한다.
- 간식을 먹기 전에 지켜야 할 약속에 대해 유아들과 의논하여 실천한다.
- 방과 후 과정인 경우 오전, 오후로 두 차례 나누어서 제공한다.

(2) 급식

- 유아들이 먹는 양을 고려하여 한 번에 많이 주지 말고 먹고 싶으면 더 먹도록 한다.
- 계절 식단을 고려하여 유아들의 입맛에 맞도록 요리한다.
- 식단을 다양하게 구성하여 같은 음식을 계속 주지 않도록 주의한다.
- 편식을 하는 유아인 경우 조금씩이라도 먹어 보도록 지도하며, 지나치게 강요하지 않는다.

### 2) 관찰 및 기록

**활동 5-10** 유아들의 급식 · 간식 정도는 개인에 따라 달라질 수 있으므로 유아들의 식사량이나 식생활 태도 등을 살펴보고, 그에 적합한 지원이 무엇인지 관찰하여 표시하세요.

[관찰 기록 지침]

① 관찰 일시와 장소, 관찰자를 기록한다.

② 관찰유아를 한 명 혹은 두 명 정한 후 이름을 적는다.

③ 급식 · 간식 구분 칸 및 섭식량, 정리정돈 유무 칸에 ✓ 표시한다.

④ 그 밖에 식사 태도 등의 특이 사항을 '관찰을 통한 지원' 칸에 기술한다.

<table>
<tr><td>관찰학급</td><td colspan="3">반(만 세)</td><td colspan="2">관찰일시</td><td colspan="2"></td></tr>
<tr><td>관찰장소</td><td colspan="3"></td><td colspan="2">관찰자</td><td colspan="2"></td></tr>
<tr><td rowspan="2">유아명</td><td colspan="2">시간</td><td colspan="2">섭식량</td><td colspan="2">정리정돈</td><td rowspan="2">관찰을 통한 지원</td></tr>
<tr><td>간식</td><td>급식</td><td>다 먹음</td><td>남김</td><td>정리함</td><td>정리 안 함</td></tr>
<tr><td></td><td></td><td></td><td></td><td></td><td></td><td></td><td></td></tr>
<tr><td></td><td></td><td></td><td></td><td></td><td></td><td></td><td></td></tr>
</table>

**활동 5-11** 일과운영에서의 급식 · 간식이 이루어지는 사례를 관찰하고 표본기록 하세요.

[관찰 기록 지침]

① 관찰 일시와 장소, 관찰대상, 관찰자를 기록한다.

② 급식 · 간식 시간 동안 대상의 행동을 표본기록법으로 관찰기록 한다. 즉, 급식 · 간식 시간이 끝날 때까지 관찰 대상이 한 말과 행동 모두를 자세하고 객관적으로 일어난 순서에 맞추어 기록한다.

③ 관찰 내용을 기초로 알게 된 대상의 급식 · 간식 관련 내용을 평가 칸에 기록한다.

| 관찰일시 | | 관찰장소 | |
|---|---|---|---|
| 관찰대상 | | 관찰자 | |
| 시간 | 관찰기록 | | |
| | | | |
| 〈평가〉 | | | |

## 3) 급식 · 간식의 내용과 의미 찾기

### (1) 사례 발표하기

활동 5-12 급식 · 간식 운영의 잘된 점 안된 점에 대하여 〈활동 5-10〉과 〈활동 5-11〉의 사례를 기초로 하여 서로 의견을 나누며 생각해 보세요.

| • 잘된 점 | • 안된 점 |
|---|---|
| | |

### (2) 토론하기

**활동 5-13** 다음 질문 중에서 한 가지를 선택하고 조별로 간단하게 요약한 후 2분 이내로 발표하세요.

- 급식 · 간식 시간에 유아가 좋아하는 음식만 먹고 싫어하는 음식을 먹지 않는 경우 어떻게 해야 할까요?
- 급식 · 간식 시간에 유아가 음식을 씹지 않고 입에만 물고 있는 경우 어떻게 해야 할까요?

## 4) 급식 · 간식 지도의 유의점

- 적당량의 간식을 제공하여 급식에 영향을 주지 않도록 주의한다.
- 유아별로 먹는 양에 대한 개인차를 고려하여 지도한다.
- 음식 알레르기가 있는 유아의 경우 식단을 조절하여 제공한다.
- 식단 구성 시 계절 식단을 반영하여 다양하게 구성한다.

# 4. 전이

☞ 학습목표와 학습절차

유아교육기관의 일과운영에서 전이시간을 살펴보고, 전이 시 각 상황에 따른 전이활동에 대해 관찰해 본다. 그리고 교사의 전이시간 운영방법과 전이활동이 유아들에게 교육적인 의미가 있는지 토론해 본 후 효과적인 전이활동에 대해 정리해 본다.

**소개: 하루 일과에서의 전이활동**

⇩

**실습: 전이 관찰 및 기록**

⇩

**토론: 전이의 내용과 전략**

⇩

**정리: 효과적인 전이활동**

## 1) 일과에서의 전이활동

유아교육기관에서 일과는 등원에서 하원까지 다양한 활동들로 이루어져 있고, 이러한 활동들 사이를 연결해 주는 전이시간(transition time)이 있다. 학자에 따라 다소 차이가 있지만 일과 운영에서 전이시간은 정리정돈 시간, 대집단활동 전후 시간, 간식 및 점심시간 전후 시간, 공간 이동시간으로 구분할 수 있다.

전이시간은 유아들이 의미 없이 기다리는 시간을 줄이도록 효율적으로 운영되어야 한다. 교사가 무엇을 해야 할지 자세하게 설명해 주면 유아들은 혼란을 느끼지 않고 스스로 다음 활동을 준비할 수 있게 된다(김희진, 박은혜, 이지현, 2011). 그리고 각 전이시간별로 활동을 잘 계획한다면 유아들은 편안하고 안전한 이동뿐만 아니라, 발달과 학습의 기회, 동기부여, 상호작용을 충분히 얻게 된다(김현주, 2010). 예를 들어, 전이시간을 활용하여 수학 개념이 포함된 활동이나 언어활동 등을 계획할 수 있다. 유아들은 전이시간을 단순히 기다리면서 보내는 것이 아니라 준비된 활동에 즐겁게 참여하면서 배움의 기회를 얻을 수 있다(심정아, 2014; 이예솔, 2015).

### (1) 정리정돈

정리정돈은 실내 · 실외 자유선택활동이 끝난 다음에 이루어지기도 하고 자신이 하던 놀이를 끝내고 다른 놀이를 할 때 이루어지기도 한다. 교사는 정리정돈을 위한 전이가 다가옴을 미리 알려 주어 유아들에게 현재의 놀이활동을 잘 끝마치고 정리정돈을 거쳐 다음 활동 시간에 대한 준비를 할 수 있게 한다. 그리고 정리정돈을 위한 세심한 지도도 함께 하여 유아들이 놀잇감을 쉽게 정리할 수 있는 방법을 생각해 정해진 약속이나 규칙을 실천해 보도록 격려한다.

### (2) 대집단활동 전 · 후 시간

대 · 소집단활동 시간 전에 전이가 쉽게 이루어지기 위해서 교사는 유아들의 의견을 반영하여 모여 앉을 자리를 정하고 유아들이 능동적인 선택을 할 수 있게 한다. 그리고 모이는 과정에서 간단한 전이활동을 계획하여 전이가 어려운 유아를 독려할 수 있다. 주제에 관련된 손유희나 수수께끼, 게임, 노래 부르기 등을 유아와 함께 하면서 배움의 경험도 만들어 줄 수 있고 대집단활동이 끝난 후 개별활동으로의 전이 시에도 간단한 게임을 하거나 유아의 특징(예: 안경 쓴 친구, 머리 묶은 친구)에 따라 소집단으로 움직이도록 하여 한꺼번에 움직이지 않도록 진행하는 것이 좋다.

### (3) 간식 및 점심 시간 전과 후

간식 및 점심 시간 전과 후는 유아들이 기다리는 시간을 짧게 계획하고 기다림이 지루하지 않도록 전이활동을 계획한다. 간식 및 점심 시간 전에는 경쾌한 음악을 들려주거나 녹음된 간주 음악에 맞춰 노래를 함께 불러 볼 수도 있고, 음식에 관련된 간단한 게임을 진행해 볼 수 있다. 간식 및 점심 시간이 교실에서 이루어진 경우에는 식사시간에 방해되지 않는 조용한 놀이 활동을 허용하고, 급식실에서 이루어진 경우 그림을 그릴 수 있게 크레파스와 종이를 제공하거나 책을 읽을 수 있게 그림책을 준비해 줄 수도 있다.

### (4) 공간 이동

한 공간에서 다른 공간으로 이동하는 전이시간은 짧을수록 좋다. 교사는 유아들을 빨리 분산시킬 수 있는 전이활동을 계획한다. 예를 들어, 양말 색깔, 이름글자 활동, 간단한 게임을 통해 유아들을 나눠서 한꺼번에 이동하지 않도록 한다. 일반적으로 이동 시에는 유아를 한두 줄로 세워 이동하게 한다. 그러나 줄을 세우는 과정에서 유아가 일등으로 줄을 서려고 급하게 서두르기도 하고, 서로 밀치는 등 사소한 다툼이 일어날 수 있다. 또한 교사의 지시에 따라 줄서는 횟수가 잦아지면 유아들은 힘들고 지루한 시간을 보내게 된다. 그렇기 때문에 꼭 필요한 경우가 아니면 줄을 세우지 않는 것이 바람직하다. 예를 들어, 유아와 함께 실외활동으로 이동하는 가장 가까운 통로를 생각해 보고 실외로 나가서 자신이 원하는 활동을 준비하는 조용한 전이영역을 만들어서 교사와 친구들이 나올 때까지 간단한 실외놀이를 할 수 있도록 하는 것도 좋은 방법이다(김현주, 2010).

현장학습에서 한 줄 기차로 이동하기

전이시간에 토끼에게 먹이를 주면서 교사와 친구 기다리기

## 2) 관찰 및 기록

### (1) 전이활동 관찰

활동 5-14 일과 운영에서 전이가 이루어지는 시간을 관찰해 보고, 관찰 양식에 맞춰 관찰 내용과 전이활동을 기록해 보세요.

<table>
<tr><td rowspan="2">관찰학급</td><td rowspan="2" colspan="2">반(만 세)</td><td>관찰일시</td><td></td></tr>
<tr><td>관찰자</td><td></td></tr>
<tr><td>생활주제</td><td colspan="4"></td></tr>
<tr><td rowspan="2">일과<br>시간표</td><td>시간</td><td colspan="3">일과명</td></tr>
<tr><td></td><td colspan="3"></td></tr>
</table>

| 전이시간 | 관찰 내용 | 전이활동 |
|---|---|---|
| – | | |
| – | | |
| – | | |
| – | | |
| – | | |
| – | | |

* 전이활동 예: '주전자' 손유희, 배운 노래 부르기, 수수께끼 등

### 3) 전이의 내용과 전략

**활동 5-15** 〈활동 5-14〉의 관찰기록을 서로 비교하여 살펴보고 다양한 전이의 내용과 전략을 찾아보세요.

- 먼저 만 3, 4, 5세 반이 골고루 섞이도록 조 편성을 한 후 반별로 조사한 사례를 공유해 보세요.

- 전이가 가장 잘 이루어졌던 사례와 그렇지 않은 사례를 찾고, 그 이유를 기록해 보세요.

**활동 5-16** 다음의 질문 중에서 한 가지를 선택하고 조별로 간단하게 요약한 후 2분 이내로 발표하세요.

- 간식시간을 따로 계획하지 않고 자유선택활동시간 내에 이루어지는 자율배식 방법은 어떠했나요?

- 한 공간에서 다른 공간으로 줄을 서지 않고 이동할 수 있는 방법에는 무엇이 있나요?

활동 5-17 효과적인 전이활동 및 전략을 조별로 토론하고 적어 보세요.

| 전이시간 | 전이활동 및 전략 |
|---|---|
| 자유선택활동 전 | <나만의 장기자랑><br>오늘 장기자랑을 보여 줄 아이랑 미리 이야기한 후 교사는 전체 아이들에게 "모이자~"라고 이야기한다. 1/3 정도의 유아가 모이기 시작하면 약속한 아이는 앞에서 나와 장기자랑(예: 마술, 악기연주)을 보여 준다. 나머지 2/3의 유아들은 장기자랑을 보기 위해 부지런히 모이게 된다. |
| | |
| | |

### 4) 효과적인 전이활동

- 활동의 전이 시 각 상황에 따른 전이활동이 필요하다.
- 교사의 전이시간 운영방법과 전이활동에 대한 구체적인 계획이 필요하다.
- 연령별 특성에 따른 전이 소요시간을 고려해야 한다.

# 5. 계획하기와 평가하기

☞ 학습목표와 학습절차

유아교육기관의 일과운영에서 계획하기와 평가하기에 대해 살펴보고, 그 의미는 무엇인지에 대해 알아본다.

소개: 유아교육기관 일과운영에서의 계획하기와 평가하기

⇩

실습: 계획하기와 평가하기 관찰 및 기록

⇩

토론: 계획하기와 평가하기의 내용과 의미 찾기

⇩

정리: 효과적인 계획하기와 평가하기 활동

## 1) 유아교육기관 일과운영에서의 계획하기와 평가하기

### (1) 계획하기

계획하기는 유아들이 유아교육기관에서의 하루 일과를 시작하는 시간으로 오늘 유아교육기관의 하루가 어떻게 진행될 것인지에 대한 안내와 계획이다. 유아들은 계획하기 시간을 통하여 유아교육기관에서의 일과를 안내받고, 일과운영을 결정한다(김희진, 박은혜, 이지현, 2011).

일과표

일과표의 순서를 바꾸는 유아

### (2) 평가하기

평가하기를 통해 유아들은 유아교육기관에서의 하루 일과를 평가하면서 기관에서 지낸 일들을 되돌아보고, 자신의 감정이나 성취 정도를 정리한다. 이 과정에서 유아들은 하루를 지내면서 가졌던 감정에 대해 평가하고, 학급 운영과 관련된 규칙을 상기한다. 또한 교사들은 일과 중 사전 계획과 달라진 부분이 있는 경우 그에 대한 설명과 대책을 논의하고 교사가 하루를 지내면서 가졌던 감정에 대한 평가가 이루어지기도 하며, 유아들이 완성한 작품을 평가하는 시간이 제공된다(김희진, 박은혜, 이지현, 2011).

약속하기, 규칙 상기하기

작품을 들고 평가하기

## 2) 관찰 및 기록

**활동 5-18** 계획하기 시간에 교사의 행동을 관찰하고, 관찰결과 칸에 ✓ 표시하세요.

<table>
<tr><th rowspan="2">관찰학급</th><td colspan="1" rowspan="2">반(만 세)</td><th>관찰일</th><td colspan="2"></td></tr>
<tr><th>관찰자</th><td colspan="2"></td></tr>
<tr><th>범주</th><th colspan="2">내용</th><th>관찰결과</th><th>비고</th></tr>
<tr><td rowspan="2">실시 여부</td><td colspan="2">실시함</td><td></td><td></td></tr>
<tr><td colspan="2">실시하지 않음</td><td></td><td></td></tr>
<tr><td rowspan="4">실시방법</td><td colspan="2">준비되면 개별적으로 실시</td><td></td><td></td></tr>
<tr><td colspan="2">소집단으로 실시</td><td></td><td></td></tr>
<tr><td colspan="2">대집단으로 실시</td><td></td><td></td></tr>
<tr><td colspan="2">특정 활동이 끝난 개인별로 실시</td><td></td><td></td></tr>
</table>

**활동 5-19** 일과 계획하기 시간에 유아의 행동을 관찰하여 기록하세요.

[관찰 기록 지침]

① 관찰대상 유아를 정하여 이름과 연령, 관찰일시를 기록한다.

② 대상유아의 행동을 10초 동안 관찰한다.

③ 관찰된 행동유형 칸에 빗금 표시를 한다. 서로 다른 두 가지 이상의 행동이 관찰되었다면 모두 빗금 표시를 한다.

④ 다시 대상유아의 행동을 10초 동안 관찰한 후 기록지에 빗금 표시를 한다.

⑤ 5회 반복하여 관찰 기록한다.

| 관찰대상 | | 관찰일시 | | | |
|---|---|---|---|---|---|
| 대상연령 | | 관찰자 | | | |
| 관찰행동 | 일과 계획하기 | | | | |
| 행동유형 \ 표집순 | 1 | 2 | 3 | 4 | 5 |
| 눈, 머리, 몸의 방향이 학습 상황에서 벗어남 | | | | | |
| 눈, 머리, 몸의 방향이 학습 상황에 집중함 | | | | | |
| 활동과 관계없는 말을 함 | | | | | |
| 활동에 관련된 말을 함 | | | | | |
| 돌아다니는 행동을 함 | | | | | |
| 바른 자세로 수업에 집중함 | | | | | |
| 기타( ) | | | | | |
| 〈해석〉 | | | | | |

**활동 5-20** 일과 평가하기 시간에 교사의 행동을 관찰하고, 관찰결과 칸에 ✓ 표시하세요.

| 관찰학급 | 반(만 세) | 관찰일시 | |
|---|---|---|---|
| | | 관찰자 | |

| 범주 | 내용 | 관찰결과 | 비고 |
|---|---|---|---|
| 실시 여부 | 실시함 | | |
| | 실시하지 않음 | | |
| 실시 내용 | 영유아들이 하루를 지내면서 가졌던 감정에 대한 평가 | | |
| | 학급 운영과 관련된 규칙 상기 | | |
| | 일과 중 사전 계획과 달라진 부분이 있는 경우 그에 대한 설명과 대책 논의 | | |
| | 교사가 하루를 지내면서 가졌던 감정에 대한 평가 | | |
| | 영유아들이 완성한 작품 언급 | | |
| | 기타( ) | | |

**활동 5-21** 평가하기 시간 유아의 행동을 관찰하여 일화기록 하세요.

| 관찰학급 | 반(만 세) | 관찰일시 | |
|---|---|---|---|
| 관찰대상 | | 관찰자 | |
| | | | |

### 3) 계획하기와 평가하기의 내용과 의미 찾기

**활동 5-22** ○○반은 시간차 등원이 이루어집니다. 선생님이 계획하기를 진행하는 시간과 내용은 어떤지 회상하여 적어 보세요.

**활동 5-23** ○○반의 평가하기에서 매일 공통적으로 다루어지는 내용은 무엇이 있는지 회상하여 적어 보세요.

### 4) 효과적인 계획하기와 평가하기

#### (1) 계획하기

- 영유아들이 유아교육기관에서의 일과를 시작하는 시간이다.
- 유아교육기관의 하루가 어떻게 진행될 것인지에 대한 안내와 계획이다.
- 유아교육기관에서의 일과에 대한 안내를 토대로 일과 운영을 결정한다.

#### (2) 평가하기

- 기관에서 지낸 일들을 되돌아본다.
- 자신의 감정이나 성취 정도를 정리한다.
- 하루를 지내면서 가졌던 감정에 대해 평가한다.
- 학급 운영과 관련된 규칙을 상기시킨다.

# 6. 현장학습

☞ 학습목표와 학습절차

유아교육기관의 일과운영에서 현장학습 시간을 살펴보고, 현장학습을 통해 다양한 지식을 습득할 수 있도록 어떻게 구조화하며 그 의미는 무엇인지에 대해 알아본다.

| 소개: 유아교육기관 일과운영에서의 현장학습 |
|---|
| ⇩ |
| 실습: 현장학습 관찰 및 기록 |
| ⇩ |
| 토론: 현장학습의 내용과 의미 찾기 |
| ⇩ |
| 정리: 효과적인 현장학습 지도 |

## 1) 유아교육기관 일과운영에서의 현장학습

현장학습이란 교실에서 경험할 수 없는 교육내용을 현장 견학을 통해 구체적이고 직접적으로 경험하여 학습하는 활동이다. 유아가 주변의 세계를 직접 보고 느끼고 체험하면서 지역사회와 사물 및 다양한 상황에 대한 풍부한 경험을 가지기 때문에 더욱 강조되고 있는 활동이다.

유아들과 함께 이루어지는 견학 활동은 사전활동, 본활동, 사후활동으로 구성된다.

### (1) 사전활동

유아들이 많은 호기심과 탐구심을 가지고 현장학습을 할 수 있도록 사전활동이 필요하다. 교사는 유아의 흥미 유발을 위해 현장학습지와 관련된 정보와 자료를 사전에 제공한다. 교사는 현장학습의 학습목표, 학습내용, 학습방법, 준비물, 유의점 등을 미리 계획한다. 그 밖에 교사는 현장학습 사전 답사를 시행해야 하며, 현장학습 일정표와 유아 명단 및 비상 연락처, 구급약 등을 준비하여야 한다.

### (2) 본활동

효과적인 현장학습을 위한 진행과정에서 교사의 역할은 다음과 같다.

첫째, 교실에 모여 언제, 어디로, 무엇을 보러, 어떻게 가야 하는지를 이야기 나누어 보고, 유아들과 '현장학습 시 지켜야 할 약속'들에 대해 다시 한 번 알아본다.

둘째, 현장학습 장소에 도착하면 교사들은 안내자와 함께 전체 유아를 데리고 간단하게 현장학습 장소를 한 바퀴 둘러본다.

셋째, 교사는 일방적으로 많은 설명을 하기보다는 유아들이 발견한 것과 흥미 있어 하는 것에 대한 질문에 답하면서 적절히 반응하는 것이 좋다.

넷째, 종이와 필기도구, 사진기, 녹음기 등을 준비하여 유아가 조사·관찰을 하면서 다양한 탐색활동이 이루어지도록 한다.

다섯째, 다 둘러본 후 그곳에서 수고하시는 분들께 바르게 인사를 하게 한다. 현장학습 장소를 떠나기 전에 교사는 유아들에게 화장실을 다녀오게 한 후 자신의 소지품을 스스로 챙기게 하고 반드시 인원 점검을 해야 한다.

### (3) 사후활동

현장학습을 다녀온 뒤 유아들에게 흥미 있었던 것, 발견한 점, 보았던 것을 다양한 방법으로 표현해 보는 경험을 제공해야 한다. 사후활동은 유아가 현장학습에 대한 기억을 회상하고 경험을 재구성하여 새로운 개념을 형성하도록 돕는다.

- 견학 후 회상 및 평가하기
- 다양한 표상 활동하기
- 현장학습 시 도움을 준 사람에게 편지나 그림 등으로 감사 표시하기
- 현장에서 습득한 자료를 이용하여 확장활동하기
- 전시 및 평가하기

사후활동: 동물농장 만들기

사후활동: 편지쓰기

## 2) 관찰 및 기록

활동 5-24 현장학습을 관찰하고 다음 현장학습 점검표에 ✓ 표시하세요.

| 분류 | 내용 | 그렇다 | 아니다 |
|---|---|---|---|
| 사전활동 | 준비물은 확인했는가? | | |
| | 유아의 건강 상태를 점검했는가? | | |
| | 유아에게 현장학습에 대한 사전 안내를 하는가? (견학의 목적/ 배경지식) | | |
| | 지켜야 할 약속을 확인하는가? (교통기관 이용 시/ 견학지에서) | | |
| | 인원 점검을 하는가? | | |
| 본활동 | 유아들이 방문하기에 안전한 장소인가? | | |
| | 유아들이 다양한 탐색활동이 이루어지도록 하는가? (스케치, 사진 기록, 수나 도표로 표시 등) | | |
| | 충분한 시간을 주어 여유를 가지고 살펴보도록 하는가? | | |
| | 유아들의 반응과 질문에 적절히 반응하는가? | | |
| | 안내자에게 바르게 인사하도록 지도하는가? | | |
| | 수시로 인원 점검을 하는가? | | |
| 사후평가 | 진행하는 전 과정이 원활하게 이루어졌는가? | | |
| | 장소, 시간, 프로그램 내용이 적절했는가?<br>부적절했다면 이유는 무엇인가?<br>(　　　　　　　　　　　　　　　　　　) | | |
| | 현재 진행되는 교육 내용과 연계성은 있는가? | | |
| | 현장학습의 목적을 충분히 달성하였는가? | | |

## 3) 현장학습의 내용과 의미 찾기

**활동 5-25** 현장학습에서 관찰한 내용을 기록해 보세요.

| 관찰학급 | 반(만 세) | 관찰일시 | |
|---|---|---|---|
| 생활주제 | | 관찰자 | |
| 현장학습지 | | 소요시간 | |

• 현장학습의 목적은 무엇이었나요?

• 현장학습에서 유아들은 어떤 탐색활동이 이루어졌나요?

• 현장학습의 목적을 충분히 달성했나요? 그 이유는 무엇인가요?

### 4) 효과적인 현장학습 지도

**활동 5-26** 효과적인 현장학습이 되기 위한 생각을 정리해 보고 그룹으로 토의해 보세요.

# 7. 이야기 나누기

☞ 학습목표와 학습절차

유아교육기관의 일과운영 중 이야기 나누기 활동 유형을 살펴보고, 이야기 나누기의 효율적 운영을 위한 방법에 대해 알아본다.

소개: 이야기 나누기 활동

⇩

실습: 이야기 나누기 관찰 및 기록

⇩

토론: 이야기 나누기 내용과 의미 찾기

⇩

정리: 효과적인 이야기 나누기 활동

## 1) 이야기 나누기 활동

이야기 나누기는 유아와 교사가 함께 정보 나누기, 생각 나누기, 의사결정 등을 하는 활동이다. 유아들은 이야기 나누기를 통해 다른 사람의 이야기를 경청하는 태도를 기르고, 자신의 생각이나 느낌, 경험 등을 표현하는 의사소통 능력을 기른다. 또한 지식을 확장시키고 다른 사람의 의견을 종합하여 공동의 의미를 구성해 나가는 능력 등을 기를 수 있다.

이야기 나누기 활동은 일과를 시작하며 날씨 및 날짜 알아보기, 계절의 변화, 친구의 출결 사항, 새로운 교구 소개, 자유선택활동 계획 및 평가, 주변 사물이나 사회 현상, 새 소식 및 주말 경험 발표하기, 집단생활에서의 규칙 토의하여 정하기, 행사나 주제와 관련된 내용 발표하기, 교사가 전하고 싶은 개념이나 설명이 필요한 내용들의 주제 등 다양하게 접근할 수 있다.

이때 교사는 새로운 것을 주입식으로 많이 가르쳐 주는 것이 아니라 유아가 이미 경험하여 알고 있는 것을 표현할 수 있도록 유도한다. 또한 유아들이 이야기 나누기 주제에 대한 관심을 확장하도록 도움을 주어 유아의 사고를 확장해 나갈 수 있도록 지도해야 한다.

이야기 나누기 활동 내용을 간략히 소개하면 다음과 같다(김진영, 백혜리, 최윤정, 2009).

#### (1) 주제(개념)와 관련된 이야기 나누기

주제와 관련하여 교사와 유아가 준비한 자료(실물, 그림 및 영상)들을 제시하면서 지식과 정보를 공유하거나 의견을 나눈다. 유아의 수나 내용에 따라 집단의 형태를 바꾸어 서로 상호작용이 원활히 이루어질 수 있도록 한다.

#### (2) 경험 나누기

새로운 소식이나 주말 지낸 이야기, 나들이, 견학, 동생 이야기, 새로 사귄 친구 이야기 등 유아가 일상생활 속에서 경험한 것을 주제와 관련하여 이야기한다.

#### (3) 보여 주고 말하기

가정에서 갖고 온 물건이나 현장학습 시 얻거나 수집해 온 물건, 자신이 만든 작품 등을 보여 주고 말하는 활동이다. 구체물을 가지고 이야기를 이끌어 나가므로 쉽게 이야기하고 질문도 할 수 있다.

#### (4) 토의하기

일과 중에 발생한 문제나 갈등 상황 해결방법, 새로운 규칙 정하기, 주제 선정과 전개에 따른 질문 목록 및 조사방법 등을 토의를 통해 찾아가는 활동이다.

소집단 토의하기와 기록하기

브레인스토밍 활동

## 2) 관찰 및 기록

**활동 5-27** 이야기 나누기 활동의 유형 및 운영방법에 초점을 맞춰 유아 및 교사의 행동을 관찰하여 기록하세요.

<table>
<tr><td rowspan="2">관찰학급</td><td rowspan="2">반(만 세)</td><td>관찰일시</td><td></td></tr>
<tr><td>관찰자</td><td></td></tr>
<tr><td>생활주제</td><td></td><td>활동명</td><td></td></tr>
<tr><td colspan="4">활동유형:</td></tr>
<tr><td colspan="4"></td></tr>
<tr><td colspan="4">관찰내용:</td></tr>
<tr><td colspan="4"></td></tr>
</table>

* 이야기 나누기 활동 유형 예: 학습하는 주제와 관련된 이야기, 새 소식(예: 정보 나누기), 경험 나누기(예: 주말 경험 발표), 보여 주고 말하기(예: 자기 작품 소개), 토의(예: 규칙 정하기) 등

### 3) 이야기 나누기의 내용과 의미 찾기

이야기 나누기 유형, 집단의 크기, 대형, 매체, 소요된 시간이 모두 조화를 이루며 의미 있는 이야기 나누기가 되었는지 생각해 본다.

**활동 5-28** 이야기 나누기 활동에서 관찰된 내용을 기초로 각 항목에 해당되는 곳에 기록 및 표시하세요.

| 이야기 나누기 유형 | 크기 | | 대형 | | | 매체 | | 주도 | | | 소요시간 | | |
|---|---|---|---|---|---|---|---|---|---|---|---|---|---|
| | 대 집단 | 소 집단 | 원형 | 반원 | 모둠 | 유 | 무 | 교사 | 유아 | 교사 유아 | 15분 이하 | 15~30분 | 30분 이상 |
| | | | | | | | | | | | | | |

**활동 5-29** 이야기 나누기 지도과정 중 관찰된 내용을 간단히 기록해 보세요.

• 도입 시 유아들의 관심과 흥미를 유도할 때 효과적이었던 방법에 대해 ✓ 표시한다.

| 번호 | 흥미 유발 방법 | 관찰결과 |
|---|---|---|
| 1 | 수수께끼 풀기(궁금이 상자) | |
| 2 | 동화 | |
| 3 | 자료 제시(사진, 실물, 그림 자료, 영상 등) | |
| 4 | 노래 및 손 인형 | |
| 5 | 손 율동 | |
| 6 | 부분 보고 전체 상상하기 | |
| 7 | 사회 현상 및 경험 회상 | |
| 8 | 질문 | |
| 9 | 기타 (                              ) | |

• 전개 시 기억에 남는 의미 있는 진행방법에 대해 ✓ 표시한다.

| 번호 | 이야기 나누기 진행방법 | 관찰결과 |
|---|---|---|
| 1 | 유아들의 다양한 반응을 유도하기 | |
| 2 | 발문한 후 충분한 시간 주기 | |
| 3 | 이야기 나누기에 소극적인 유아를 격려하기 | |
| 4 | 유아의 부적절한 반응에 대해 효과적으로 대응하기 | |
| 5 | 유아들의 적절한 대답이나 행동에 대해 격려하기 | |
| 6 | 기타( ) | |

• 마무리 단계 시 교사의 역할에 대해 ✓ 표시한다.

| 번호 | 교사의 역할 | 관찰결과 |
|---|---|---|
| 1 | 활동의 목표와 관련된 내용을 종합하고 다시 정리하여 알려 주기 | |
| 2 | 활동 후 새롭게 알게 된 점에 대해 이야기 나누기 | |
| 3 | 어려운 점, 좋은 점 등에 대해 이야기 나누기 | |
| 4 | 다음 활동에 대해 알려주기 | |
| 5 | 기타( ) | |

• 관찰 시 어렵거나 궁금한 점 혹은 기억에 남는 장면이 있다면(예: 만약에 나의 이야기에 집중하지 않은 유아, 예상하지 못한 답변이 나올 때 등) 기록해 보세요.

.......................................................................................................

.......................................................................................................

## 4) 효과적인 이야기 나누기 활동

• 교사는 수용적인 분위기를 조성한다.
• 교사는 다양한 질문과 의견을 적절히 제공한다.
• 교사는 유아가 생각할 수 있는 충분한 시간을 제공한다.

# 8. 동화 · 동시 · 동극

☞ 학습목표와 학습절차

유아교육기관의 일과운영 중 동화 · 동시 · 동극 활동을 살펴보고, 효과적인 동화 · 동시 · 동극 활동 운영을 위한 교사의 역할 및 다양한 지도방법에 대해 알아본다.

소개: 동화 · 동시 · 동극 활동

⇩

실습: 동화 · 동시 · 동극 활동 관찰 및 기록

⇩

토론: 동화 · 동시 · 동극 내용과 의미 찾기

⇩

정리: 효과적인 동화 · 동시 · 동극 활동

## 1) 동화 · 동시 · 동극 활동

### (1) 동화

동화는 유아의 상상력을 키워 주고, 경험을 풍부하게 해 주며, 사고력과 창의력을 길러 주기 위한 좋은 매체로 활용된다. 유아들은 동화를 즐기는 가운데 표현력과 읽고 쓰는 것에 대한 흥미를 가질 수 있기 때문에 동화 활동은 언어발달에 중요한 역할을 한다(김진영, 백혜리, 최윤정, 2009). 특히 동화 시간은 유아들이 가장 집중을 잘하는 활동으로 유아들의 전인적 발달을 위해 문학적 · 예술적 · 교육적 요소를 균형적으로 잘 포함하고 있는 동화를 선정하는 것이 중요하다.

동화 지도 시 다음과 같은 점에 유의해야 한다.

- 동화를 들려줄 때 자료의 위치, 거리 등을 조정한다.
- 동화의 내용이 진행 중인 주제와 연관성이 있어야 한다.

• 유아에게 들려줄 동화를 미리 점검한다.
• 동화 활동 전후에 이야기를 들려주는 것이 좋다.
• 집단 구성과 시간을 고려한다.
• 소리나 몸짓, 반복되는 구절은 유아들이 참여하게 한다.

동화 들려주기

동화책 읽기

(2) 동시

유아들은 동시를 읊어 봄으로써, 시의 리듬과 운율을 통해 감각적인 즐거움을 느낀다. 교사는 유아들이 이해할 수 있는 언어들로 구성되어 있는 동시를 선정하여, 단순하면서도 소박한 내면의 사상이나 감정 등을 글로 담아 전달할 수 있어야 한다. 그리고 유아가 짧은 시간에 흥미를 가질 수 있도록 짧고 쉬운 시를 선정하는 것이 좋다.

동시 지도 활동의 일반적인 지도 절차는 다음과 같다(심성경, 이선경, 김경의, 이효숙, 김나림, 허은주, 2010).

• 유아의 발달 수준과 흥미를 고려하여 교육 주제에 적절한 동시를 선택한다.
• 선택한 동시를 유아에게 들려주기 전에 교사가 먼저 읽어 본다. 이때 큰 소리로 읽어 보면서 음의 강약과 고저, 적당히 쉬어야 할 곳 등을 점검한다.
• 감정을 넣어 동시를 유아에게 여러 번 반복하여 읽어 준다.
• 다양한 방법으로 동시 읽기에 유아를 참여시킨다.
  – 대화식으로 된 부분을 교사와 유아가 나누어서 읽는다.
  – 교사와 유아가 한 구절씩 번갈아가면서 읽는다.

- 유아를 집단으로 나누어 읽어 보게 한다.
- 유아들이 다 함께 읽어 보게 한다.

동시는 문학작품으로서 제공되어야 한다. 즉, 지나치게 글자를 익히기나 읽기 연습의 도구로 사용해서는 안 되며 특히 유아에게 동시를 암기하도록 요구해서는 안 된다.

손인형을 활용한 동시 읽기 활동

동시 회상하기 활동

(3) 동극

동극은 유아들이 동화를 듣고 의미 있는 부분을 직접 극화해 보는 활동이다. 유아들은 동극을 준비하거나 공연하면서 자신의 생각이나 느낌을 상상하기도 하고 창의적으로 표현하는 과정을 통해 즐거움을 느끼게 된다.

일반적으로 동극 지도 시 유의점은 다음과 같다.

- 등장인물들의 행동이 단순하고 문장이 반복되어 극적인 즐거움을 줄 수 있는 동화를 선정한다.
- 움직임이 명확한 동화를 선정한다.
- 배역은 유아 스스로 정할 수 있도록 유도한다.
- 동극의 배경이나 무대, 소품 등을 유아와 함께 꾸민다.
- 유아의 적극성 정도, 언어표현 능력을 고려하여 수줍어하거나 평소에 표현을 잘하지 않는 유아는 대사나 동작이 적은 역할을 맡도록 한다.

• 유아들과 동극을 마친 후 함께 평가한다.

'마법침대' 동극 활동하기

'구름빵' 동극 활동하기

## 2) 관찰 및 기록

활동 5-30 동화 · 동시 · 동극 활동 내용을 관찰하여 기록하세요.

| 관찰학급 | 반(만 세) | 관찰일시 | |
|---|---|---|---|
| 활동유형 | 동화( )동시( )동극( ) | 관찰자 | |
| 생활주제 | | 활동명 | |
| | | | |

## 3) 동화 · 동시 · 동극의 내용과 의미 찾기

### (1) 동화 · 동시 · 동극 활동 운영

**활동 5-31** 관찰된 내용을 바탕으로 동화활동 운영에 대해 ✓ 표시하세요.

| 범주 | 내용 | 그렇다 | 아니다 |
|---|---|---|---|
| 동화 선정 | 생활주제와 연계되는가? | | |
| | 주제가 교육적인가? | | |
| | 내용과 주제가 흥미 있는가? | | |
| | 내용과 그림이 문학적으로 가치 있는 것인가? | | |
| 대형 | 유아들이 앉은 대형이 적절한가? | | |
| | 유아들은 자신이 원하는 자리에 자율적으로 앉는가? | | |
| | 유아들의 주의집중을 위해 주변의 물건이 정리되어 있는가? | | |
| 매체 | 전달 매체가 적절한가? | | |
| 동화구연 | 내용을 완전히 이해했는가? | | |
| | 시선은 적절한가? | | |
| | 발음은 정확한가? | | |
| | 속도는 적절한가? | | |
| | 등장인물의 성격에 따른 성대모사가 적절한가? | | |
| 동화지도 과정 | 동기 유발을 하는가? | | |
| | 동화의 제목을 들려주는가? | | |
| | 동화의 제목을 들려주고 내용을 추측하게 하는가? | | |
| | 동화의 내용을 회상하게 하는가? | | |
| 마무리 | 동화 시간이 끝났음을 알리고 다음 활동을 소개하는가? | | |

출처: 교육인적자원부(2001). 유치원교사 교육 프로그램.

**활동 5-32** 관찰한 내용을 바탕으로 동시활동 운영에 대해 ✓ 표시하세요.

| 범주 | 내용 | 그렇다 | 아니다 |
|---|---|---|---|
| 동시 선정 | 생활주제와 연계되는가? | | |
| | 유아의 발달에 적합한가? (움직임에 대한 묘사나 독특한 운율이 있음) | | |
| 매체 | 전달 매체가 적절한가? (그림, 손 인형, 실물, 사진 등) | | |
| | 배경음악을 사용하는가? | | |
| 사전활동 | 사전활동(관찰, 야외 학습 등)을 실시하는가? | | |
| 동시 지도 과정 | 동기 유발을 하는가? | | |
| | 교사 혼자 낭송해 주는가? | | |
| | 유아들의 느낌을 말해 보게 하는가? | | |
| | 지은이/제목을 이야기하는가? | | |
| | 교사와 유아가 나누어 낭송해 보는가? | | |
| | 교사와 유아가 함께 낭송해 보는가? | | |
| | 유아끼리 또는 혼자 낭송하게 하는가? | | |
| | 제목을 지어 보는가? | | |
| 마무리 | 동시 시간이 끝났음을 알리고 다음 활동을 소개하는가? | | |
| 사후활동 | 사후활동(그림, 동작으로 표현하기 등)을 실시하는가? | | |

출처: 교육인적자원부(2001). 유치원교사 교육 프로그램.

활동 5-33 관찰한 내용을 바탕으로 동극활동 운영에 대해 ✓ 표시하세요.

| 범주 | 내용 | 그렇다 | 아니다 |
|---|---|---|---|
| 동화 선정 | 대사가 짧고 반복되는가? | | |
| | 유아가 등장인물을 동일시할 수 있는가? | | |
| | 전개과정이 뚜렷한가? | | |
| | 절정(클라이맥스)이 있는가? | | |
| 대본의 적절성 | 설명 부분이 삭제되었는가? | | |
| | 간접화법을 직접화법으로 바꾸었는가? | | |
| | 대사가 짧고 반복되는가? | | |
| 동극 지도 과정 | 동화를 들려주는가? | | |
| | 동화 회상 시간을 갖는가? | | |
| | 동극의 배경이 되는 무대를 유아와 함께 꾸미는가? | | |
| | 배역을 선정하는가? | | |
| | 배역을 소개하는가? | | |
| | 등장인물이 기다리는 자리를 확보해 놓았는가? | | |
| | 평가 시간을 갖는가? | | |
| | 재공연을 하는가? | | |
| 마무리 | 동극이 끝났음을 알리고 다음 활동을 소개하는가? | | |

출처: 교육인적자원부(2001). 유치원교사 교육 프로그램.

### (2) 동화 · 동시 · 동극 전달매체 활용

**활동 5-34** 최근 다양한 동화나 동시 전달매체를 활용하기 보다는 3~5세 누리과정에 수록되어 있는 파워포인트 동화나 인터넷 사이트에 있는 동화 등 영상 매체를 집중적으로 사용하는 경향이 있습니다. 이런 경향에 대한 찬반과 이유를 생각하고 기록하세요.

| 찬성한다(　) | 반대한다(　) |
|---|---|
| | |

## (3) 생각하기

**활동 5-35** 다음의 상황 중에 한 가지 주제를 선택하여 조별로 간단히 요약한 후 발표하세요 (동화 · 동시 · 동극 활동 시 관찰한 상황도 가능함).

- 동화 구연 시 유아의 질문에 대해 어떻게 할까요?
  (즉시 답변해 준다/구연을 다 마친 후에 답변한다)

- 교사가 동시를 낭송하고 있는데 유아가 단어의 뜻을 몰라 질문한다면, 교사는 어떻게 대처할까요?

- 동극 배역을 정할 때 규칙(가위, 바위, 보)에 따라 정하기로 했으나 결과에 대해 수용하지 못하고 주인공을 하겠다고 계속 울면서 고집을 피우는 유아를 어떻게 지도할까요?

### 4) 효과적인 동화 · 동시 · 동극 활동

- 동화 · 동시 · 동극은 고루 포함되어야 한다.
- 진행하고 있는 생활주제와 관련 있는 것으로 한다.
- 동화나 동시를 선정할 때도 우리나라 전래동화나 우리나라 작가들의 문학작품을 적절히 안배하는 것이 중요하다.
- 가능하면 동서양 등 여러 문화권의 작품도 고루 선정하여 유아들이 다양한 경험을 할 수 있도록 해야 한다.

## 9. 음악

☞ 학습목표 및 학습절차

일과 속 음악활동 시간을 살펴보고, 유아들에게 다양하게 지도하는 방법 및 음악 환경을 관찰한 후 일과 속에서 음악을 자연스럽게 경험할 수 있는 방법을 생각해 본다.

소개: 유아교육기관에서의 음악활동

⇩

실습: 음악활동 관찰 및 기록

⇩

공유: 음악활동 관찰 내용 공유

⇩

정리: 하루일과 속에서의 음악활동

### 1) 유아교육기관에서의 음악활동

음악활동은 노래 부르기, 연주하기, 음악감상/신체표현하기 등으로 구분할 수 있다.

(1) 노래 부르기

노래는 멜로디와 가사로 구성되어 있기 때문에 노래 부르기 활동은 노래를 듣고 부르기, 빠르게/느리게 노래 부르기, 큰소리로/작은 소리로 노래 부르기, 목소리를 바꿔 노래 부르기, 가사 바꿔 부르기 등 다양하게 이루어질 수 있다. 노래 부르기가 유아들에게 더욱 도전적이며 즐거운 활동이 되기 위해서 연주하기, 음악감상/신체표현하기, 창작하기 등 다양한 방법으로 접근하는 것이 필요하다.

(2) 연주하기

연주하기 활동은 유아들이 자신의 감정을 즉흥적으로 표현하며 친구들과 합주가 이루어지기도 하고, 원하는 소리를 찾아내기 위해 자연물이나 폐품 등을 이용하여 악기를 만들기도 한다. 유아들과 악기 연주 활동을 진행할 때는 처음부터 악기 연주하기를 지도하기보다 음률영역에서 준비해 주어서 악기 소리를 충분히 탐색할 수 있도록 한다. 유아가 다양한 시도를 하고 난 다음에, 교사가 각 악기를 쥐는 방법과 소리 내는 방법을 지도해 주는 것이 바람직하다.

즉흥 연주

사물놀이(타악 합주) 연주

(3) 음악감상/신체표현하기

유아는 음악감상/신체표현하기 활동을 통해 음악을 듣고 음악의 아름다움을 느끼며 음악에 표현된 음악적 요소를 몸으로 표현할 수 있다. 신체가 하나의 악기가 되어 음악을 동작으로 표현하고 이러한 신체를 통한 표현은 음악의 구성 요소를 알고 음악적 능력을 기르는 데 도움이 된다. 유아들과 활동을 진행할 때에는 음악적 움직임을 통해 신체 부위 탐색하기, 다양한 공간을 활용하여 움직이기, 타이밍을 맞추어 다양하게 움직이기, 움직임의 여러 가지 질을 이용하여 표현하기 등 다양한 방법으로 지도해 주는 것이 좋다.

팝콘 튀기기 표현 활동

꿀벌의 여행 신체표현 활동

## 2) 음악활동 관찰 및 기록

### (1) 노래 부르기

**활동 5-36** 대집단활동 시간에 활동했던 노래 부르기의 수업과정을 간단하게 기록해 보세요.

<table>
<tr><td rowspan="2">관찰학급</td><td rowspan="2">반(만 세)</td><td>관찰일시</td><td></td></tr>
<tr><td>관찰자</td><td></td></tr>
<tr><td>생활주제</td><td></td><td>활동명</td><td></td></tr>
<tr><td>소요시간</td><td></td><td>교수매체</td><td></td></tr>
<tr><td colspan="4"></td></tr>
</table>

(2) 악기 연주하기

활동 5-37 대 · 소집단활동에 활동했던 악기 연주하기 수업과정을 기록해 보세요.

<table>
<tr><td rowspan="2">관찰학급</td><td rowspan="2">반(만 세)</td><td>관찰일시</td><td></td></tr>
<tr><td>관찰자</td><td></td></tr>
<tr><td>생활주제</td><td></td><td>활동명</td><td></td></tr>
<tr><td>소요시간</td><td></td><td>교수매체</td><td></td></tr>
<tr><td colspan="4"></td></tr>
</table>

## (3) 음악감상/신체표현하기

**활동 5-38** 대 · 소집단활동에 활동했던 음악감상/신체표현하기 수업과정을 기록해 보세요.

| 관찰학급 | 반(만 세) | 관찰일시 | |
|---|---|---|---|
| | | 관찰자 | |
| 생활주제 | | 활동명 | |
| 소요시간 | | 교수매체 | |
| | | | |

## 3) 음악활동 관찰 내용 공유

### (1) 노래 부르기

**활동 5-39** 교실에서 노래 부르기 수업은 어떻게 진행되었는가? 누가, 언제, 무엇을, 어떤 방법으로, 왜 가르쳤는지 생각해 보고, 관찰결과 칸에 ✓ 표시하세요.

| 활동방법 | | 관찰결과 |
|---|---|---|
| 진행 | 교사가 새 노래를 가르쳐 주었다. | |
| | 알고 있는 유아가 알려 주었다. | |
| 시간 | 대집단 수업으로 이루어 주었다. | |
| | 자유선택활동 시간에 음률영역이나 컴퓨터 영역에서 자연스럽게 들려 주었다. | |
| | 일과 중에 배경 음악으로 자연스럽게 들려 주었다. | |
| 내용 | 음색, 음높이, 멜로디와 화성을 느낄 수 있는 노래를 선곡하고 음악적 개념을 지도하였다. | |
| | 감정을 표현하는 노래를 선정하고 유아들과 생각과 느낌을 공유하였다. | |
| | 주제 혹은 개념을 알려 주는 노래를 선곡하여 학습 관련 내용에 대해 지도하였다. | |
| 방법 | 노래를 허밍으로 불러 보았다. | |
| | 교사와 유아 혹은 유아와 다른 유아가 한 소절씩 교대로 불러 보았다. | |
| | 빠르기, 셈여림을 첨가하여 다양하게 불러 보았다. | |
| | 원하는 경우 유아 혼자 또는 2~3명이 친구들 앞에서 불러 보았다. | |
| | 유아들과 함께 정해진 손동작에 맞춰 노래를 불러 보았다. | |
| | 박과 리듬을 느낄 수 있게 손뼉을 치며 노래를 불러 보았다. | |
| | 새로운 노랫말을 바꿔서 불러 보았다. | |
| 목표 | 다양한 노래를 접하게 하여 유아가 알고 있는 노래의 목록을 확장시켜 주었다. | |
| | 친구들과 더불어 노래 부르는 것을 즐길 수 있었다. | |
| | 노래에 담긴 감성과 긍정적인 정서를 공유할 수 있도록 하였다. | |
| | 기타(                    ) | |

(2) 음악감상/신체표현하기

활동 5-40 음악감상/신체표현하기가 이루어졌던 수업과정에서 유아들의 어떠한 움직임의 요소가 관찰되었는지 관찰결과 칸에 ✓ 표시하세요.

<table>
<tr><td rowspan="2">관찰학급</td><td rowspan="2">반(만 세)</td><td>관찰일</td><td colspan="2"></td></tr>
<tr><td>관찰자</td><td colspan="2"></td></tr>
<tr><td>관찰요소</td><td colspan="3">관찰내용</td><td>관찰결과</td></tr>
<tr><td rowspan="7">음악적 움직임을 통해 신체 부위 탐색하기</td><td colspan="3">눈, 코, 팔, 발, 목을 이용하여 다양하게 움직이기</td><td></td></tr>
<tr><td colspan="3">허리와 엉덩이를 이용하여 돌리기</td><td></td></tr>
<tr><td colspan="3">팔과 다리를 앞뒤로 흔들며 다양하게 걷기</td><td></td></tr>
<tr><td colspan="3">배를 바닥에 대고 엎드려 기기</td><td></td></tr>
<tr><td colspan="3">누워서 다리를 오므렸다 펴기</td><td></td></tr>
<tr><td colspan="3">엎드려서 다리와 머리를 들고 대기</td><td></td></tr>
<tr><td colspan="3">온몸을 이용하여 움직이기</td><td></td></tr>
<tr><td rowspan="4">다양한 공간을 활용하면서 움직이기</td><td colspan="3">장소를 활용하여 움직이기(예: 가보트 음악에 맞춰 발끝으로 가볍게 걷다가 탬버린 소리가 들리면 점핑하기)</td><td></td></tr>
<tr><td colspan="3">방향을 활용하여 움직이기(예: 북소리에 맞추어 걷다가 종소리가 나면 방향 바꾸기– 앞으로/뒤로, 오른쪽으로/왼쪽으로)</td><td></td></tr>
<tr><td colspan="3">높이를 활용하여 움직이기(예: 실로폰을 이용하여 음높이에 따라 점점 높게, 점점 낮게 움직이기)</td><td></td></tr>
<tr><td colspan="3">형태를 활용하여 움직이기(예: 음악에 맞춰 선 위를 걸어 보기)</td><td></td></tr>
<tr><td rowspan="4">타이밍을 맞추어 다양하게 움직이기</td><td colspan="3">빠르기에 맞춰 움직이기(예: 제자리에서 느리게 뛰다가 점점 빠르게 뛰어 보기)</td><td></td></tr>
<tr><td colspan="3">지속성에 맞춰 움직이기(예: 얼음 위에서 길게 미끄러지기)</td><td></td></tr>
<tr><td colspan="3">강세에 맞춰 움직이기(예: 탬버린 소리에 맞춰 신체 패턴을 바꾸기)</td><td></td></tr>
<tr><td colspan="3">리듬과 박에 맞춰 움직이기(예: 행진곡에 맞춰 걷기, 왈츠에 맞춰 춤추기)</td><td></td></tr>
<tr><td rowspan="4">움직임의 여러 가지 질을 이용하여 표현하기</td><td colspan="3">에너지를 표현하기(예: 코끼리와 생쥐의 이야기)</td><td></td></tr>
<tr><td colspan="3">감정을 표현하기(예: 슬픈 음악을 듣고 슬픔을 표현하기)</td><td></td></tr>
<tr><td colspan="3">이미지를 표현하기(예: 음악을 듣고 어떤 이미지가 떠오르는지 표현해 보기)</td><td></td></tr>
<tr><td colspan="3">주제를 표현하기(예: 주제가 있는 음악을 듣고 등장인물 표현하기)</td><td></td></tr>
</table>

### 4) 일과 속에서의 음악활동

**활동 5-41** 유아가 좀 더 친숙하게 음악을 접하고 다양한 하루 일과 속에서 음악을 즐길 수 있는 방법에 대해 생각하고 기록해 보세요.

| 일과 | 음악적 경험 및 활동 |
| --- | --- |
| (예) 등원 | • 아침을 여는 조용한 클래식 음악을 요일별로 다르게 준비하여 틀어 준다.<br>- 월/화요일: 베토벤의 교향곡<br>- 수요일: 차이콥스키의 교향곡<br>- 목/금요일: 모차르트의 교향곡 |
|  |  |
|  |  |
|  |  |

# 10. 미술

☞ 학습목표와 학습절차

유아교육기관 미술활동의 의의를 알아보고, 효과적인 미술활동 운영을 위한 교사의 계획과 운영, 평가에 대해 알아본다.

소개: 유아교육기관에서의 미술활동

⇩

실습: 미술활동 관찰 및 기록

⇩

토론: 미술활동의 내용과 의미 찾기

⇩

정리: 효과적인 미술활동

## 1) 유아교육기관에서의 미술활동

유아교육기관에서의 미술활동은 영유아의 경험 · 느낌 · 생각을 그리기, 만들기, 빚기, 꾸미기 등의 다양한 방법을 통해서 표현하는 활동을 말한다. 미술활동을 위해 교사는 영유아들이 미술자료를 손쉽게 쓸 수 있도록 효율적으로 배치하며, 섬세한 기술을 요하는 작품을 완성하는 데 중점을 두기보다는 유아가 다양한 자료를 활용하여 표현해 보는 과정을 즐길 수 있도록 지도한다.

### (1) 미술활동의 계획

① 교사 안내를 통한 미술활동

교사가 새로운 미술활동을 계획하여 제공할 때는 생활주제, 연령, 유아의 개별 흥미와 관심에 따라 선택할 수 있도록 방법과 난이도를 다르게 하여 제시할 수 있다. 새로운 활동은 2~3일 정도 제시하여 누구나 경험해 볼 수 있도록 충분한 시간과 기회를 제공한다.

미술활동의 유형은 탐색, 표현, 감상 활동의 균형을 이루어 제공될 수 있도록 한다.

그리기 개별 활동

도장 찍기 공동 미술활동

② 유아 주도의 미술활동

유아들은 자신의 흥미와 욕구를 기반으로 미술활동 영역에 비치되어 있는 다양한 자료를 보고 활동을 시작하는 경우가 있다. 활동이 구조화되어 있지 않은 경우 유아가 스스로 선택할 수 있는 기회를 제공하는 것이 필요하다. 교사는 유아의 개별 활동 시 필요한 도움과 정보를 제공할 수 있다.

(2) 미술활동의 운영

미술활동 영역에서 교사는 유아들이 교사의 도움을 최소화할 수 있도록 준비한다. 만 3세의 경우는 너무 많은 자료를 함께 제공하면 혼란스러울 수 있으므로 3~4가지의 기본적인 자료를 제공하되, 자주 교체해 주는 것도 가능하다. 만 5세의 경우는 작업 순서도를 활용할 수 있으며, 새로운 활동의 경우는 모든 유아에게 지도하는 것보다 이미 활동하여 익숙해진 유아가 다른 유아에게 안내하는 것도 가능하다.

공동작업 설명하기

미술영역 색종이 접기

(3) 미술활동의 평가

유아 미술활동 평가 시에는 다른 친구들의 작품을 감상하면서 서로 의견을 주고받는 기회를 갖도록 한다. 유아가 완성한 작품을 전시할 때는 장소와 상황에 따라 전시하도록 한다. 이 과정에서 개별적으로 전시하거나 개인작품을 함께 모아 공동으로 전시하는 방법이 가능하다.

교사는 유아가 한 번 시작한 활동을 끝까지 마무리할 수 있도록 격려하고, 끝내지 못한 활동은 보관장소를 마련하여 다음날 할 수 있도록 안내하도록 한다. 어린 연령에게는 참여한 것에 대해 충분히 격려해 주고, 만 4~5세 유아에게는 작업 후 자료를 정리하고 정돈하는 태도를 가질 수 있도록 지도해 나간다.

개별 미술 작품 전시

공동 미술 작품 전시

## 2) 미술활동 관찰 및 기록

**활동 5-42** 유아교육기관에서 미술활동 운영을 위한 미술활동의 유형, 유아 및 교사의 행동을 관찰하여 기록해 보세요.

<table>
<tr><td rowspan="2">관찰학급</td><td rowspan="2">반(만 세)</td><td>관찰일시</td><td></td></tr>
<tr><td>관찰자</td><td></td></tr>
<tr><td>생활주제</td><td></td><td>활동명</td><td></td></tr>
<tr><td>관찰내용</td><td colspan="3"></td></tr>
</table>

### 3) 미술활동의 내용과 의미 찾기

**활동 5-43** 유아교육기관에서 관찰한 〈활동 5-42〉의 관찰기록 내용을 기초로 하여 다음의 평가표에 ✓ 표시하고, 평가의 의미를 생각해 보세요.

| 구분 | 내용 | 그렇다 | 아니다 |
|---|---|---|---|
| 미술 활동의 계획 | 미술활동에 사용하는 자료들은 충분했는가? | | |
| | 미술활동은 생활주제 및 활동과 연계되었는가? | | |
| | 미술활동 후 작품을 제출 · 보관할 수 있는 공간이 마련되어 있었는가? | | |
| 미술 활동의 운영 | (교사 안내의 미술활동 시) 미술활동을 위한 도입 활동이 있었는가? | | |
| | (교사 안내의 미술활동 시) 미술활동 자료 이해를 위한 상호작용을 하였는가? | | |
| | 미술활동에 참여한 유아들을 격려하였는가? | | |
| | 미술활동 과정에 관련된 영유아의 활동을 지원하였는가? | | |
| 미술 활동의 평가 | 미술활동에 대한 개별 및 집단 평가를 하였는가? | | |
| | 미술활동이 끝나고 다음 활동에 대한 안내를 하였는가? | | |
| | 미술활동에 사용된 도구를 정리하였는가? | | |

### 4) 효과적인 미술활동

효과적인 미술활동을 위해 교사는 유아들의 흥미, 생활주제, 연령에 기초하여 다양한 미술활동을 할 수 있는 환경을 마련하고, 유아들이 자신의 생각과 느낌 등을 탐색 · 표현 · 감상 활동을 통해 나타낼 수 있도록 지원해 주어야 한다.

# 11. 과학 및 요리

☞ 학습목표와 학습절차

유아교육기관의 일과운영에서 과학 및 요리활동을 살펴보고, 일과운영 중에 나타나는 과학 및 요리활동의 양상은 어떠하며 그 의미는 무엇인지 알아본다.

소개: 유아교육기관에서의 과학 및 요리 활동

⇩

실습: 과학 및 요리 관찰 및 기록

⇩

토론: 과학 및 요리 활동의 내용과 의미 찾기

⇩

정리: 효과적인 과학 및 요리 활동

## 1) 유아교육기관에서의 과학 및 요리 활동

과학활동은 구체적으로 사물의 움직임에 대한 활동과 사물의 변화를 포함하는 활동으로 구분하는데, 사물의 움직임에 대한 활동은 물리적 과학활동에서, 그 외 사물의 변화를 포함하는 활동은 요리활동에서 볼 수 있다(김순자, 2011).

요리활동이란 요리 종류의 선택에서 재료의 구입, 재료의 탐색, 음식 만들기에서 맛보고 정리하기에 이르기까지 전 과정을 의미한다(정연희, 2003).

### (1) 과학활동

과학활동의 과정은 관찰 → 예견 → 실험 · 조사 → 기록 → 의사소통 → 연계활동 단계의 6단계로 정리할 수 있다(정효은, 2009).

① 관찰 단계

사물 또는 현상에 대한 정보를 모으기 위해 모든 감각(보고, 만지고, 듣고, 맛보고, 냄새 맡는)과 신체를 사용한다. 이 단계는 과학활동에 기본이 되며, 손으로 직접 만져 보기도 하고, 던져 보는 등 다양한 물리적 변환 방법으로 변화시켜 보면서 사물, 현상, 사건 등의 특성을 탐색해 보는 단계이다.

② 예견 단계

주어진 상황에서 다음에 무엇이 일어날지에 대해 추측을 하는 단계이다. 실험에 들어가기 전에 먼저 예상해 보는 시간을 갖고, 실험 후 예상했던 것과 실험결과를 비교해 볼 수 있다.

③ 실험 · 조사 단계

이 단계에서 유아는 자신이 궁금해하는 것을 알아보기 위하여 필요한 자료가 무엇인가를 결정해야 한다. 유아들은 자신이 의도하는 탐구활동을 하기 위해 수집해야 할 자료와 자료수집방법을 결정하고, 이렇게 수집한 자료를 근거로 타당한 결론을 내리기 위해 자료를 어떻게 조직하고 분석할 것인가를 계획하고 실험 · 조사한다.

풀의 다양한 접착 기능을 실험 · 조사하기

④ 기록 단계

이 단계에서 유아들은 탐구하는 과정에서 얻은 결과를 설명하기 위해 그림을 그려 볼 수도 있고, 그래프나 차트를 이용해 과학 활동에서 사용한 자료, 진행과정, 얻은 결과를 기록하고 비교 · 대조해 보기도 한다.

⑤ 의사소통 단계

이 단계에서 유아들은 다양한 매체를 통해 정보를 교환하는 것으로 의사소통을 한다. 의사소통의 형태에는 언어적 · 비언어적 행동들이 포함되는데, 예를 들어 그래프, 표, 다이어그램, 지도, 기호 등도 수집된 자료에 포함된다.

⑥ 연계활동 단계

이 단계에서는 알게 된 과학적 개념과 원리를 기존에 경험한 미술 · 언어 · 음악 활동과 연계하고 변형시켜 적용해 본다.

밀가루풀 만들기를 설명하는 음악활동

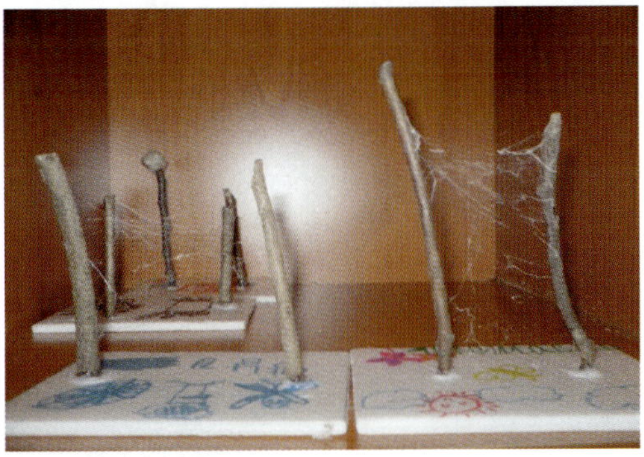

물풀을 이용한 거미줄 만들기 미술활동

### (2) 요리활동

요리활동의 과정은 계획하기, 실행하기, 평가하기로 이루어진다(김순자, 2011).

① 계획하기

유아들이 활동을 위한 요리 주제를 선정하고 요리 주제에 대한 탐구활동을 통해 호기심을 불러일으키는 활동이 포함된다. 요리의 주제 선택은 유아들이 음식의 이름을 인지하는 것을 배우게 되며, 요리 주제의 선택에 따라 요리 재료와 조리방법이 결정된다.

② 실행하기

요리 재료와 도구 살펴보기, 조리, 정리하고 맛보기 등의 과정이 포함된다. 이 과정에서 유아는 재료와 도구를 탐색하며 비교하고 분류한다. 교사는 조리 형태와 난이도뿐 아니라 복합성의 정도도 검토하여 적절한 방법을 안내해야 한다. 교사는 유아의 생각과 유용한 정보를 이끌어 내야 하며, 다양한 재료와 적절한 안내를 제공해야 한다.

요리순서도

실물 화상기를 이용한 요리 계획하기

요리 실행하기

③ 평가하기

요리활동의 계획하기, 실행하기, 평가하기 단계에 유아가 직접 참여함으로써 유아는 사물의 현상에 대해서 많은 의문점을 갖게 된다. 이러한 의문점은 유아가 탐색·실험·증명하는 과정에서 스스로 문제점을 해결하고 참여하게 함으로써 자신의 경험과 새로운 개념, 현상과 상호작용하게 하며, 이를 통해 유아는 능동적으로 지식을 구성한다.

## 2) 과학 및 요리 관찰 및 기록

**활동 5-44** 과학활동을 관찰한 후 활동 평가표를 활용하여 평가하세요.

<table>
<tr><td rowspan="2">관찰학급</td><td rowspan="2">반(만 세)</td><td>관찰일시</td><td></td></tr>
<tr><td>관찰자</td><td></td></tr>
<tr><td>소주제</td><td></td><td>활동명</td><td></td></tr>
</table>

| 범주 | 내용 | 그렇다 | 아니다 |
|---|---|---|---|
| 활동 선정 | 생활주제와 연계되는가? | | |
| | 교육적으로 가치가 있는가? | | |
| | 유아의 발달에 적절한가? | | |
| 매체 | 안전을 고려하는가? | | |
| | 사용한 도구가 실험에 적절한가? | | |
| | 실험도구가 유아 수준에 적절한가? | | |
| 지도과정 | 관찰하는 시간을 갖는가? | | |
| | 예상할 시간을 주는가? | | |
| | 탐색할 시간을 주는가? | | |
| | 실험할 기회를 주는가? | | |
| | 기록할 기회를 주는가? | | |
| | 의사소통을 통해 정보를 교환할 시간을 주는가? | | |
| 마무리 | 과학활동을 종합하는 시간을 제공하는가? | | |
| | 다른 활동과 연계할 기회를 제공하는가? | | |
| 평가 | | | |

**활동 5-45** 요리활동을 관찰한 후 활동 평가표를 활용하여 평가하세요.

<table>
<tr><td rowspan="2">관찰학급</td><td rowspan="2">반(만 세)</td><td>관찰일시</td><td></td></tr>
<tr><td>관찰자</td><td></td></tr>
<tr><td>소주제</td><td></td><td>활동명</td><td></td></tr>
</table>

| 내용 | 그렇다 | 아니다 |
|---|---|---|
| 유아의 영양과 건강을 고려하는가? | | |
| 안전을 고려하는가? | | |
| 공간이 충분한가? | | |
| 청결을 고려하는가? | | |
| 도구가 유아의 수준에 적절한가? | | |
| 요리순서도가 있는가? | | |
| 필요한 양이 정확하게 기재되어 있는가? | | |
| 요리과정이 구체적으로 명시되어 있는가? | | |
| 개별 또는 소집단으로 실시하는가? | | |
| 사전활동(이야기, 동화 등)을 제공하는가? | | |
| 재료를 탐색해 보는 시간을 주는가? | | |
| 요리를 계획해 보는 시간을 주는가? | | |
| 요리의 순서를 익히는 시간을 주는가? | | |
| 유아 주도적으로 요리를 하도록 허용하는가? | | |
| 요리한 것을 그릇에 담도록 지도하는가? | | |
| 요리활동을 평가할 시간을 주는가? | | |
| 정리할 시간을 주는가? | | |
| 손을 씻도록 지도하는가? | | |
| 요리한 음식을 먹어 볼 기회를 제공하는가? | | |

### 3) 과학 및 요리 활동의 내용과 의미 찾기

**활동 5-46** 과학활동에서 특히 관찰할 수 있었던 상호작용 유형(유아-유아, 유아-교사, 유아-교재 · 교구)이 무엇이었고, 그 과정에서 관찰한 유아 사고의 변화과정을 회상하여 적어 보세요.

**활동 5-47** 요리활동의 실행과정에서 유아들은 재료와 도구를 탐색하며 비교하고 분류하는 경험을 하게 됩니다. 요리 실행과정에서 관찰한 유아의 재료와 도구의 탐색 · 비교 · 분류의 과정을 회상하여 적어 보세요.

### 4) 효과적인 과학 및 요리 활동

활동 5-48 과학활동의 효과적 예견하기 운영 방안에 대해 조별 토론 후 정리하세요.

활동 5-49 요리활동의 효과적 평가하기 운영 방안에 대해 조별 토론 후 정리하세요.

# 12. 게임

☞ 학습목표와 학습절차

유아교육기관의 일과운영에서 게임활동을 살펴보고, 게임활동의 유형은 어떠하며 그 의미는 무엇인지에 대해 알아본다.

소개: 유아교육기관에서의 게임활동

⇩

실습: 게임활동 관찰 및 기록

⇩

토론: 게임활동의 내용 및 의미 찾기

⇩

정리: 효과적인 게임활동

## 1) 유아교육기관에서의 게임활동

게임은 조직화된 놀이로 둘 이상의 상대가 필요하고, 승부를 결정하기 위한 기준이 필요하며, 규칙이 있는 활동이다. 게임의 유형은 대형에 따라 자유대형 게임, 원게임, 출발선에서 출발하는 편게임, 자기 자리에서 출발하는 게임 등이 있다. 원게임은 원 대형으로 앉은 후 활동을 통해 성취감과 자신감을 가질 수 있도록 하며 난이도를 차차 높여 가는 방식으로 운영한다. 편게임은 유아들이 편을 나누어 운영하는 방식이며, 자기 자리에서 출발하거나 출발선에서 시작하는 게임의 형태가 있다.

유아교육기관에서 교사는 게임활동 운영 시에 영유아들이 게임의 결과보다도 게임의 과정에서 즐거움을 느끼며 참여할 수 있도록 지도하는 것이 중요하다.

(1) 게임활동의 계획

게임활동을 계획할 때는 학급의 연령과 발달 수준에 기초하여 게임활동 시 유아가 수행해야 할 활동, 규칙, 평가방법 등을 구성한다.

유아의 연령이 어리거나 학급에서 처음 게임을 해볼 때에는 원게임이나 자유대형 게임부터 시작할 수 있다. 나이가 어린 유아일수록 편에 대한 개념이 없을 뿐만 아니라 여러 가지 절차를 기억하여 실행해야 하기 때문에 어려움이 있을 수 있다. 따라서 어린 유아들이 성취감과 자신감을 가질 수 있도록 적은 인원으로도 하기 쉬운 원게임이나 자유대형 게임을 하면서 난이도를 높여 간다. 원게임이나 자유대형 게임을 통해 게임이 익숙해지면 점차 편게임을 진행해 나갈 수 있다. 편게임의 경우도 교사가 게임 자료를 제시하고 유아들이 게임의 방법과 진행 규칙을 스스로 만들어 볼 기회를 제공한다.

원게임 활동

편게임 활동

(2) 게임활동의 운영

게임을 시작하기 전에 게임 자료를 탐색하며 유아들과 게임 자료의 활용방법에 대해 이야기한다. 만 3세는 교사가 게임방법을 쉽게 이야기해 주는 것이 적절하며, 만 4, 5세는 유아가 게임 자료를 탐색하며 게임 방법 및 규칙을 예측해 볼 수 있도록 지도하는 것도 가능하다.

게임활동 운영 시에 교사는 유아들이 게임활동에서 규칙 준수하기, 순서 지키기, 응원을 하기 등의 바람직한 행동에 대해 격려하면서 평가한다. 또한 게임활동 운영 시 유아들이 게임 규칙을 지키지 않거나 게임방법이 다르게 진행된다면 교사는 게임을 잠시 멈출 수 있다. 그 과정에서 유아들이 문제를 생각해 보고 다시 시작할 수 있도록 한다.

게임하기 1

게임하기 2

(3) 게임활동의 평가

게임활동을 평가할 때는 게임활동의 규칙에 근거하여 이루어지도록 한다. 빨리 끝내는 것보다는 규칙을 잘 지켰는지, 활동방법이 적절했는지 등에 대해 언급할 수 있다. 또한 게임을 관전하는 유아의 태도에 대해서 평가할 수 있다. 유아들이 지나치게 게임에 몰입하여 흥분하였을 때는 게임을 잠시 중단시켜 감정을 조절할 수 있도록 한다. 게임의 평가를 위해 평가 자료는 그림, 실물, 숫자 카드 등을 활용할 수 있다.

게임활동 평가하기 1

게임활동 평가하기 2

## 2) 게임활동 관찰 및 기록

**활동 5-50** 유아교육기관에서의 게임활동 계획 · 운영 · 평가 활동을 관찰하여 다음의 표에 기록해 보세요.

<table>
<tr><td rowspan="2">관찰학급</td><td rowspan="2">반(만 세)</td><td>관찰일시</td><td></td></tr>
<tr><td>관찰자</td><td></td></tr>
<tr><td>게임유형</td><td></td><td>활동명</td><td></td></tr>
<tr><td>게임대형<br>(그리기)</td><td colspan="3"></td></tr>
<tr><td>관찰내용</td><td colspan="3"></td></tr>
</table>

* 게임유형 기록 예: 원게임, 자유대형 게임, 출발선에서 출발하는 편게임, 제자리에서 출발하는 편게임 등

### 3) 게임활동의 내용 및 의미 찾기

**활동 5-51** 유아교육기관에서 관찰한 〈활동 5-50〉의 관찰기록 내용을 기초로 하여 다음의 게임활동 평가표에 ✓ 표시하고 평가의 의미를 생각해 보세요.

| 구분 | 내용 | 그렇다 | 아니다 |
|---|---|---|---|
| 게임활동의 계획 | 게임을 할 수 있는 공간이 충분하였는가? | | |
| | 유아들의 안전이 고려되는 환경이었는가? | | |
| | 게임활동은 생활주제와 연계되었는가? | | |
| 게임활동의 운영 | 게임활동을 위한 도입 활동이 있었는가? | | |
| | 게임활동을 위한 팀원의 수세기를 하였는가? (편 게임의 경우) | | |
| | 게임활동에 사용할 도구를 안내하였는가? | | |
| | 게임방법 이해를 위한 상호작용을 하였는가? | | |
| | 게임에 필요한 규칙을 정하였는가? | | |
| | 게임을 위한 편 이름을 정하였는가? (편 게임의 경우) | | |
| | 게임을 위한 시범을 보였는가? | | |
| | 게임에 참여한 유아들을 격려하였는가? | | |
| 게임활동의 평가 | • 게임활동에 대한 평가를 하였는가? | | |
| | – 속도를 평가함 | | |
| | – 규칙 준수를 평가함 | | |
| | – 관전태도를 평가함 | | |
| | 게임활동이 끝나고 다음 활동에 대한 안내를 하는가? | | |
| | 게임에 사용된 도구를 정리하는가? | | |

### 4) 효과적인 게임활동

- 효과적인 게임활동을 위해 교사는 유아의 연령, 발달 수준에 기초하여 게임활동을 계획해야 한다.
- 게임하는 유아들이 승패의 결과보다 게임과정에서 즐거움을 느낄 수 있도록 격려하며 공정하게 지도한다.
- 게임활동에 참여를 거부하는 유아가 있다면 참여하지 않으려는 이유를 아는 것이 중요하며, 처음부터 참여를 강요하지 않고 흥미를 느낄 수 있도록 개별적으로 격려하고 차츰 참여할 수 있도록 지도한다.

# 제6장 유아교육기관 자유선택활동에 대한 이해와 관찰

## 1. 자유선택활동

### 1) 자유선택활동의 정의 및 교육적 의의

#### (1) 자유선택활동의 정의

자유선택활동은 자유놀이(free play)라는 용어에서 비롯된 것으로, 유아교육기관에서 자유선택활동, 자유놀이 등으로 다양하게 불리고 있다(이숙재, 2004). 일반적으로 자유선택활동은 유아가 개별적인 흥미, 요구 및 발달 수준에 따라 유아 개인의 학습 내용과 속도를 조절하여 스스로 놀이를 선택하여 활동하는 것을 의미한다(양옥승, 2004). '자유선택활동'이라는 용어에서 알 수 있듯이, 이 시간에는 대집단 활동과는 구별되어 유아가 주도적으로 활동을 이끌어 즐길 수 있는 자기 교수의 기회를 부여해 주어야 한다(양옥승, 2004). 즉, 자유선택활동은 유아가 주어진 환경에서 선택의 기회를 가지고 놀이 중심의 교육을 실행할 수 있는 중요한 시간이다. 따라서 교사는 유아가 스스로 활동을 선택한 의사결정을 존중하고 유아 스스로 선택한 활동을 끝까지 완성하도록 안내하는 것이며, 주어진 환경에서 무엇을 하는가는 개개인 유아가 결정하는 것이다(이영자, 이기숙, 이정욱, 1999).

자유선택활동 시간은 유아 자신의 흥미에 따라 유아 개인의 학습 내용과 속도를 조절할 수 있는 학습활동으로 아동중심 교육과정에서 큰 비중을 차지한다(양옥승, 2002). 그리고 자유선택활동 시간은 유아가 교육기관에서 지내는 일과에서 중요한 비중을 차지하며, 표준보육과정에서 자유선택활동 시간은 하루 중 오전과 오후를 합쳐 2시간 30분 이상 연속적(놀이시간이 오전, 오후에 각각 1시간~1시간 30분 이상 연속적으로 실행되는 것)으로 운영하도록 하고 있다(한국보육진흥원, 2015). 또한 2013년부터 시행되고 있는 3~5세 누리과정에서는 일과 중 자유선택활동을 1시간으로 계획하도록 강조하고 있다(교육부 외, 2013). 유아교육기관 실내 · 외에서 경험할 수 있는 다양한 종류의 흥미영역에서 활동을 선택하고 계획, 수행하며 평가해 보는 시간이다.

대부분의 유아교육기관에서는 일과를 주로 자유선택활동으로부터 시작하는데, 이는 영유아들이 자유롭고 즐거운 분위기에서 일과를 시작하여 기관에 대한 긍정적인 생각을 가질 수 있도록 하기 위한 것이다(이경미, 박미경, 함혜정, 2011). 이 시간 동안 유아들은 자신의 개별적인 요구, 흥미, 적성, 발달 수준 등에 따라서 자발적으로 주위의 놀잇감 및 자료들을 탐색하고 교사와 또래들과 활발한 상호작용을 하며 스스로 선택하고 자유롭게 놀이를 한다. 따라서 이 시간은 놀이를 통해 이루어지는 효과적인 교수방법의 하나로서 유아의 놀이 특성이 가장 잘 나타나는 바람직한 학습활동 시간이다(김수정, 2002).

### (2) 자유선택활동의 교육적 의의

자유선택활동시간은 유아들의 자발적이고 능동적인 놀이(학습)가 이루어지는 시간, 개별 학습이 이루어지는 시간, 통합적인 교육이 이루어지는 시간, 인간관계를 학습하는 시간, 자율감과 책임감을 학습하는 시간과 기쁨을 주는 시간으로서의 교육적 의의를 지닌다(김수영, 김수임, 김현아, 정정희, 2007; 이숙재, 2004).

최근 유아교육 재개념주의자들은 자유선택활동 시간의 놀이가 유아에게 진정한 의미의 '자유'와 '선택'을 제공하고 있는가에 대한 반성과(양옥승, 2002; 유혜령, 2002) 의문을 제기하고 있다. 실제 유아교육현장에서는 학부모의 결과 중심적 요구에 따라 유아들에게 개별적인 자유선택의 기회를 주기보다는 교사가 계획한 소집단 활동으로 교육이 이루어지거나(엄정애, 2009), 놀이 시간 및 공간, 활동 주제까지도 이미 교사에 의해 정해져 있어 유아에게는 매우 좁은 범위의 선택만이 있을 뿐이다(양옥승, 2002). 이와 같은 맥락에서 유아교사들은 자유선택활동 시간에 이루어지는 모든 활동을 자유놀이라고 정의하고 있는 반면에, 유아들은 자신이 스스로 선택한 활동만을 자유놀이로 분류하고 있으며 교사가 제시한 활동은 일(work)과 연관시켜 생각하고 있다고 보고하고 있다(양옥승, 나은숙, 2005). 이는 성인들이 자유놀이라고 인식한 행동들이 놀이자인 유아의 관점에서 볼 때는 진정한 자유놀이가 아닐 수도 있다는 점을 시사하는 것이다.

영유아들은 놀이를 통해 내적 동기와 유능감(성공의 경험)을 형성해 나갈 권리가 있다. 유아교육자뿐만 아니라 부모들은 유아의 놀 권리를 존중하고, 유아의 놀이에 대한 욕구를 교육과정에서 배려해야 하며, 유아들이 자신과 타인을 존중하고 배려하며 더불어 살 수 있도록 조력해야 한다. 이를 위해 영유아교사들은 진정한 놀이의 의미 및 자유선택활동의 의미를 심도 있게 고려하여 실천해야 한다. 자유선택활동은 유아의 개별적인 흥미와 욕구를 최대한 존중해 주는 시간이며, 교사는 유아의 능동적인 자기 선택의 기회를 통해 자유로운 활동 속에서 커다란 즐거움을 느끼게 되는 교육적 의의를 형성해 나갈 수 있도록 지원해야 한다. 자유선택활동 시간이 특별활동으로 채워져서는 안 되며, 교사는 자유선택활동 시간에 휴식을 즐기는 감독자(박찬옥, 2008)가 되지 않도록 해야 한다. 이러한 과정에서 교사교육의 중요성, 교사의 반성적 사고(reflective thinking)의 중요성이 다시금 강조되고 있다. 유아교사는 우리가 알고 있는 자유선택활동 시간의 교육적 의의를 기초로 충실히 운영해 나가야 할 것이다.

**여기서 잠깐!** **놀이와 자유선택활동에 대한 자신의 은유를 기술해 보세요.**

- 유아의 놀이는 ______________ 이다.
  왜냐하면 ________________________________________ 때문이다.
- 자유선택활동 시간에 교사는 ______________ 이다.
  왜냐하면 ________________________________________ 때문이다.

(예) 유아의 놀이는 양파 껍질이다.
왜냐하면 유아의 놀이는 양파 껍질을 벗겨 내듯이 계속 벗겨 내도 샘솟아 오르기 때문이다.

## 2) 흥미영역의 구성원리

### (1) 흥미영역의 정의

흥미영역(interest center)이란 분리대나 여러 형태의 교구장 또는 기타의 방법으로 활동 내용에 따라 놀이영역을 구분지어 경계를 암시해 주도록 설비함으로써 구분되는 교실의 영역을 총칭한다(Seefeldt, 1980). 흥미영역은 크게 실내흥미영역과 실외흥미영역이 있다. 실내흥미영역에는 쌓기놀이, 역할놀이, 언어, 수·조작놀이, 과학, 미술, 음률 영역 등이 있다. 이러한 흥미영역에서 이루어지는 활동은 유아들의 집중력, 의사결정 능력, 자율성, 독립심 증진 및 심리적 안정 등에 긍정적인 영향을 미친다. 시펠트(Seefeldt, 1980)는 흥미영역의 가치를 다음과 같이 설명하고 있다.

- 효과적이고 창의적으로 폭넓고 다양한 경험을 할 수 있는 기회를 제공한다.
- 물리적·시각적으로 경계를 지음으로써 유아의 주의를 집중시키고 다른 활동을 하는 유아로부터의 방해를 최소화하여 안정된 분위기를 구성한다.
- 유아 스스로 놀이 영역을 선택하고 참여하게 함으로써 의사결정 능력을 향상시킨다.
- 기능적 영역 분류를 통해 유아들은 자신들의 경험을 분류·조작해 보게 되며, 이는 자료를 분류하는 데 긍정적인 영향을 미친다.

만 3세 실내흥미영역 전경

만 5세 실내흥미영역 전경

### (2) 흥미영역 구성원리

유아교육기관 흥미영역 배치는 각 영역의 특성을 고려하여 계획적이고 융통성 있게 배열함으로써 각 영역들이 하나로 통합된 구성이 되도록 하는 것을 기본으로 한다. 각 영역은 칸막이, 이동식 교구장, 가리개, 책꽂이 등으로 다른 영역과 분리하거나 독립시킴으로써 유아들로 하여금 활동에 몰입하게 하며, 경우에 따라서 이동이 가능하게 하여 통합적 운영을 지원한다.

스미스와 콘놀리(Smith & Connolly, 1976)는 유아교육기관 흥미영역은 교실의 크기, 놀이기구나 교재·교구의 종류와 양 그리고 유아 수를 고려하여 구성하여야 한다고 제안한다.

프로스트와 키싱어(Frost & Kissinger, 1976)는 실내흥미영역을 [그림 6-1]과 같이 건조하고 조용한 곳, 활동적이고 건조한 곳, 조용하고 물이 있는 곳, 활동적이고 물이 있는 네 가지 공간으로 구분하여 제안한다.

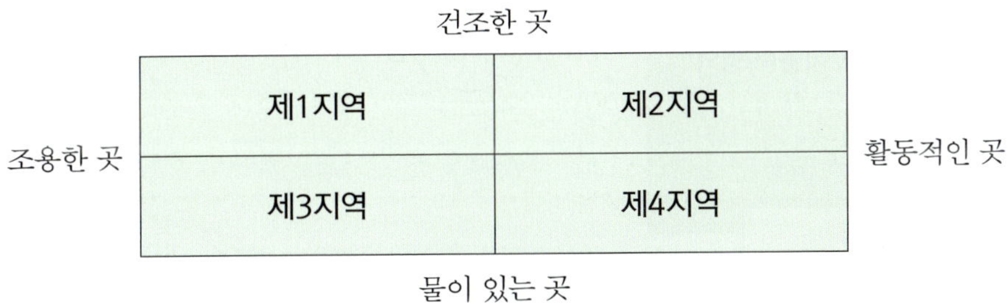


[그림 6-1] 실내흥미영역 구성원리 배치 기준

출처: Frost & Kissinger (1976).

- 제1지역-조용하고 건조한 곳: 책보기, 듣기, 이야기 나누기, 동화, 쓰기, 게임과 소집단 활동을 위한 영역
- 제2지역-활동적이고 건조한 곳: 대근육활동, 쌓기놀이, 목공놀이, 역할놀이, 음률활동 등을 위한 영역
- 제3지역-물이 있고 조용한 곳: 요리하기, 간식 먹기, 가위로 오리고 풀로 붙이기, 점토놀이 등 미술활동 등을 위한 영역
- 제4지역-활동적이고 물이 있는 곳: 주로 실외활동과 물놀이, 모래놀이, 손 씻는 곳, 물감 그림 그리기, 물을 사용하는 과학 실험 등을 위한 영역

홍미영역의 배치 원리를 적용해 보면 [그림 6-2]와 같이 실내영역을 배치해 볼 수 있다(Spodeck et al., 1991).

[그림 6-2] 실내흥미영역 배치도

출처: Spodeck & Brown (1993).

(3) 관찰 및 기록

**활동 6-1** 학급의 실내흥미영역을 관찰하여 배치도를 그려 보세요.

[배치도 작성 지침]

① 출입문, 창문, 화장실, 싱크대의 배치를 먼저 그려 넣는다.

② 각 놀이영역의 이름과 교구장, 책상, 의자 및 카펫 등을 정확한 숫자와 높이 등을 고려하여 그려 넣는다.

| 관찰학급 | 반(만 세) | 관찰일시 | |
|---|---|---|---|
| 유아 수 | | 흥미영역 수 | |
| 생활주제 | | 관찰자 | |
| | | | |

**활동 6-2** 학급의 실내흥미영역 배치 유무를 월별로 관찰하여 ✓ 표시하세요.

| 관찰자 | | 관찰일시 | 월~ 월 |
|---|---|---|---|
| 관찰기관 | | 관찰학급 | 반(만 세) |

| 날짜 / 흥미 영역명 | 예) 3월 | 월 | 월 | 월 | 월 | 월 |
|---|---|---|---|---|---|---|
| 쌓기놀이 | ✓ | | | | | |
| 역할놀이 | ✓ | | | | | |
| 언어 | ✓ | | | | | |
| 수 · 조작놀이 | ✓ | | | | | |
| 과학 | | | | | | |
| 미술 | ✓ | | | | | |
| 음률 | | | | | | |
| 컴퓨터 | | | | | | |
| 목공 | | | | | | |
| 읽기 | | | | | | |
| 쓰기 | | | | | | |
| | | | | | | |
| | | | | | | |
| | | | | | | |
| | | | | | | |
| | | | | | | |

(4) 요약 및 의미 찾기

**활동 6-3** 〈활동 6-1〉에서 관찰하여 그린 배치도를 프로스트(Frost)와 키싱어(Kissinger)의 실내흥미영역 구성원리에 따라 분석하여 조정할 영역이 없는지에 대해 동료와 논의하여 기록하세요.

## 3) 자유선택활동의 운영

### (1) 자유선택활동 계획

자유선택활동 계획은 단순히 어느 영역에서 놀 것인가를 활동계획표에 표시하는 것에 국한하는 것이 아니라 놀이에 대한 구체적인 아이디어를 가지고 무슨 놀이를 어떻게 할 것인지 결정하는 것이다(곽향림, 2012). 예를 들어, '나와 가족' 생활주제가 시작되는 시점에서 가족에 대한 마인드맵을 작성해 보면 유아들은 자신의 놀이에 대한 아이디어, 선택 및 결정이 명확해지고 놀이 속에서 자신들의 구체적인 생각을 전개할 준비를 하게 된다.

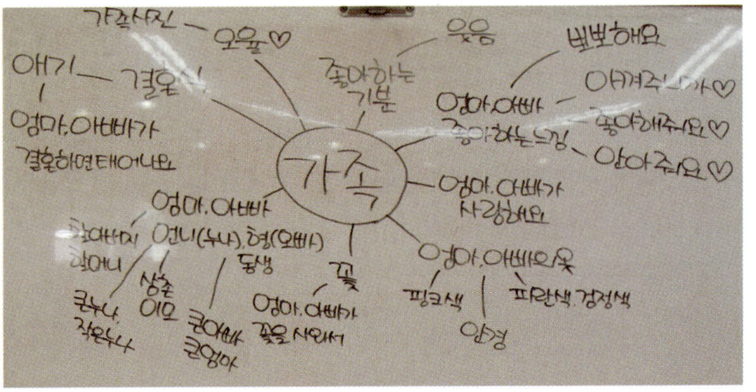


'가족'에 대한 마인드맵

유아교육기관에서 많이 활용하는 활동계획표는 학기초에 흥미영역별 표시판에 이름표를 걸거나 개인별 용지에 표기하는 방법이다. 이는 유아들이 원하는 놀이를 선택하는데 도움이 될 수 있지만, 점차 선택을 표기하는 일은 형식적이고 불필요한 것이 될 수 있다. 오히려 그 계획에 얽매어 할 수 없이 활동을 해야 하는 경우가 생길 수 있으므로 유아들에게 적합한 선택의 방법을 제시해 주는 것이 필요하다.

### (2) 자유선택활동 실행

유아는 각자 계획한 생각이나 내용에 따라 놀이를 시작하게 된다. 놀이를 진행하면서 새로운 생각이 첨가되고, 새로운 문제가 발생하여 만든 놀잇감이나 공간을 수정하기도 한다. 예를 들어, 우리 가족이 살고 있는 집에 대한 생각이 연결되어 '우리집 만들기'를 선택한 유아들은 쌓기영역에서 종이벽돌이나 레고블록을 이용하여 아파트를 만들기도 하고, 어떤 모양인지 잘 기억이 안 나는 유아들은 컴퓨터로 검색한 후 원하는 집을 재구성해 간다. 그리고 만든 집 안에서 동물이나 사람 소품을 활용하여 상상놀이를 하다 보면 공간을 재배치하기도 한다. 그리고 결혼식과 관련지어 결혼을 해야 아기가 생긴다고 생각한 유아들은 결혼식 놀이를 하고 엄마아빠 놀이를 하기도 한다. 결혼식에서 사진 찍은 모습이 인상적이었던 친구는 역할영역에서 이루어지는 결혼식의 모습을 카메라에 담기도 한다. 결혼식 놀이를 진행하는 유아들은 진짜 신부처럼, 진짜 신랑처럼 변신하기 위해서 여러 소품이 필요하여 미술영역에 가서 색종이로 리본을 접어서 목에 붙이기도 하고, 교사에게 면사포가 필요하다고 요청하기도 한다. 놀이를 진행하면서 신랑을 남자친구가 했으면 좋겠다고 의견을 모으기도 하여 신랑이 될 남자친구를 찾기도 한다. 또한 결혼식이 끝나고 퇴장할 때 꽃가루를 뿌려야 한다고 생각한 유아는 종이를 짧게 잘라서 직접 뿌려 보기도 한다. 하지만 뿌리고 난 후 바닥에 떨어진 종이를 정리하는 데 어려움이 있어 뿌린 종이를 담을 통을 준비하기도 한다.[1]

이와 같이 유아들은 처음에 생각했던 놀이를 진행하면서 놀이 계획을 수정하기도 하고 좀 더 구체화하기도 한다. 다른 또래의 놀이를 보면서 생각을 바꾸기도 하고 새로운 계획

---

1) 강영지(2016). '제주한라대학교 유아교육학과 전공심화과정 수업 발표물' 중 부분 발췌함.

을 하면서 놀이를 재구성해 가기 때문에 1시간~1시간 30분 정도 배정하여 충분히 놀이할 수 있도록 해야 한다. 그리고 교사는 유아가 진행하고 있는 놀이를 관찰하여 필요한 자료나 환경을 첨가시켜 주고 적절한 상호작용을 통해 놀이를 좀 더 확장해 갈 수 있도록 한다.

쌓기놀이와 역할놀이로 재구성

### (3) 자유선택활동 평가 후 놀이 확장하기

계획-실행-평가는 유아들에게 활동 과정이어야지 놀이가 끝난 후에 모여서 평가하는 시간을 갖는 형식적인 틀이 되어서는 안 된다. 평가는 크게 대집단 활동이나 소집단 활동 또는 개별 활동으로 이루어진다. 대집단 활동으로 이루어지는 평가는 현재 진행하고 있는 놀이에 대해 의견을 나누거나 공유할 필요가 있을 경우 이루어진다. 유아들은 자신의 생각이나 의견을 발표하기도 하고 친구들이 경험한 이야기나 놀이를 평가한 내용을 들을 수 있어서 의사 결정과 다음 놀이를 확장하는 데 도움이 된다.

그리고 진행하고 있는 놀이에 대해 소집단 활동 또는 개별 활동으로 이루어지는 평가는 유아가 진행하는 놀이의 내용과 연관 지을 수 있는 경험이나 생각들을 나눌 수 있도록 적절한 질문을 제공해 주고, 놀이를 확장시키는 재미있는 아이디어를 생각해 내거나 공유할 수 있도록 격려해 준다. 예를 들어, 우리 집을 만들고 놀이했던 두 남자아이는 할아버지와 함께 갔던 놀이공원을 떠오르면서 할아버지와 놀이기구를 탔던 모습을 표현하기도 하고 그때 할아버지가 손을 잡아 줬던 기억을 떠오르면서 함께 이야기를 나누기도 한다. 정리정돈 시간이 다 되면, 내일 또 놀이할 수 있도록 정리하고 싶지 않다는 의견을 내놓기도 하고, 놀이공원을 좀 더 넓게 만들기 위해 작은 블록과 동물이나 사람 소품이 필요하다고 자신들의 놀이에 대해 평가한다.

정리정돈하기 전 놀이평가

이처럼 자유선택활동 놀이의 평가는 유아들의 놀이에 대한 관심을 지속시키고 다음 날 놀이에 좀 더 몰입할 수 있도록 도와준다. 그리고 유아들이 자신들의 놀이에 필요한 것을 스스로 찾아내고 아쉬웠던 점이나 부족한 점들을 보완해 나가는 것을 돕는다. 이러한 평가는 유아뿐만 아니라 교사에게도 필요하며, 놀이 평가를 통해 교사는 유아들의 관심사를 파악하고 놀이를 확장하거나 지원할 수 있는 방법을 모색해야 한다.

### (4) 자유선택활동에서 교사의 역할

자유선택활동 시간에 유아의 놀이를 촉진하는 교사의 역할은 매우 중요하다(엄정애, 2009). 첫째, 놀이하고 있는 영유아를 관찰하고 유아 개인의 놀이에 대한 흥미와 놀이 수준 및 발달을 파악한다. 교사는 일화기록 및 시간표집법 등을 통해 놀이 유형 및 놀잇감 선호도, 놀이 수준, 놀이 친구, 놀이 시간, 공간 변화, 사전경험과 자료뿐만 아니라 성인의 개입을 결정하게 된다.

둘째, 교사는 유아가 놀잇감을 탐색하고 놀이를 구성할 수 있는 시간과 공간을 충분히 제공해 준다. 그리고 진행되는 생활주제와 관련된 놀이 자료를 제공해 주고 주기적으로 교체해 준다. 또한 유아가 자신이 알고 있는 것을 놀이 속에서 표현할 수 있도록 주제에 대한 경험이나 지식을 직간접적으로 제공해 주는 것이 필요하다.

셋째, 교사의 적극적인 참여행동으로 자칫 잘못 개입하면 놀이의 속성을 사라지면서 놀이가 중단될 수 있기 때문에 매우 신중하게 반응해 주고 적절하게 지원해 준다. 예를 들어, 친구나 놀잇감을 가지고 전혀 놀이하려 하지 않을 때, 복잡한 놀이 주제를 유지하기 위해 지원이 필요할 때, 학습을 위한 결정적인 순간이 일어났을 때, 영유아가 성인을 놀이 상황으로 초대할 때 교사가 놀이에 개입하여 상호작용하면 유아의 놀이를 보다 풍부하게 해 줄 수 있다. 하지만 유아가 놀이에 몰입하여 활발히 참여하고 있다면 개입하지 않는 것이 좋다. 교사는 최소한의 개입에서 최대한의 개입까지 놀이 상황을 파악하여 적절하게 상호작용하는 것이 필요하다(Johnson, Christie, & Wardle, 2006).

- 비참여자: 영유아의 놀이에 어떠한 관심도 보이지 않고 참여하지 않으며 무시하는 개입 유형이지만, 놀이와는 전혀 상관없는 개인적인 업무를 수행하는 것을 의미하는 것은 아니다.

- 방관자: 영유아의 놀이를 가까운 거리에서 지켜보면서 미소 지어 주거나 고개를 끄덕이는 등의 비언어적 격려를 통해 놀이에 대한 관심을 표현해 주는 것을 말한다.
- 무대관리자: 여전히 영유아의 놀이에 직접 참여하지는 않지만, 영유아의 놀이 준비를 보다 적극적으로 돕고 지원해 주는 것을 말한다.
- 공동놀이자: 영유아의 놀이 파트너가 되어 적극적으로 놀이에 참여하는 것을 말한다.
- 놀이지도자: 영유아의 놀이에 적극적으로 참여하여 주도권을 가지고 놀이를 이끌어 나가며 확장시켜 주는 것으로 새로운 놀이를 제안하거나 진행되고 있는 놀이 에피소드를 확장시켜 주기 위해 아이디어를 제시하는 것을 말한다.
- 감독자 및 방향 전환자: 성인이 영유아의 놀이를 통제하고, 놀이 시 영유아가 해야 할 것으로 말해 주거나 놀이와 상관없이 영유아의 관심을 학습 목적 쪽으로 전환시키는 것을 말한다.

### (5) 관찰 및 기록

**활동 6-4** 자유선택활동시간을 3회에 거쳐 관찰하고 관찰 양식에 맞춰 놀이시간을 기록해 보세요. 3회의 관찰이 끝나면 평균을 산출하세요.

| 자유선택활동 진행 순서 | 1회 | 2회 | 3회 | 평균 |
|---|---|---|---|---|
| 놀이 계획하기 | 분 | 분 | 분 | 분 |
| 놀이 진행하기 | 분 | 분 | 분 | 분 |
| 정리정돈 | 분 | 분 | 분 | 분 |
| 놀이 평가하기 | 분 | 분 | 분 | 분 |

### (6) 요약 및 의미 찾기

**활동 6-5** 반별로 자유선택활동을 관찰한 내용 중에서 의미 있거나 기억에 남는 운영방법에 대해 조별로 토론해 보세요. 토론 내용들을 간단하게 작성한 후 발표해 보세요.

| 자유선택활동 진행 순서 | 의미 있거나 기억에 남는 활동방법 |
| --- | --- |
| 새로운 활동 소개 | |
| 놀이 계획하기 | |
| 놀이 진행하기 | |
| 정리정돈 | |
| 놀이 평가하기 | |
| 전이 | |

**활동 6-6** 자유선택활동에서의 교사의 적절한 개입은 매우 중요합니다. 다음의 사례를 읽고 교사의 개입이 유아의 놀이에 어떠한 영향을 주었는지, 유아의 관심을 학습의 목적으로 전환시키는 교사의 개입이 적절하였는지 생각해 보세요. 만약 내가 교사라면 어떻게 개입할 수 있는지 조별로 토론해 보세요.

〈사례〉

언어영역에서 선생님이 그림을 잘 그리지 못하고 글도 잘 쓰지 못하는 민주에게 "물 절약하는 방법에는 무엇이 있을 것 같아요?"라고 질문하자, 민주가 "아~! 생각났어요."라고 이야기한다. 선생님이 "어떤 게 생각나는데?"라고 물어보자, 민주가 "뭐였지…."라고 말을 잇지 못한다. 그러자 선생님이 "선생님에게 힌트를 주면 선생님도 같이 생각을 해 볼 수 있어."라고 이야기하자, 민주가 "쓰레기를 줍고 물에 더러운 것들 버리지 말고 음…."라고 말한다. 그러자 선생님이 "그건 물을 절약하는 방법이 아니라 깨끗하게 하는 방법 아닐까?"라고 말한다. 민주가 생각이 안 난다고 말하자 선생님이 "아까 우리가 이야기 나눴던 내용을 보고 와 봐요."라고 말한다. 민주는 "이거 보고 똑같이 해도 돼요?"라고 이야기하자 선생님이 "네 그렇게 해도 돼요~"라고 말한다.

〈조원들의 생각〉

## 2. 실내자유선택활동

### 1) 쌓기놀이 영역

쌓기놀이 영역은 유아에게 다양한 구성물을 만들어 볼 수 있는 기회를 제공한다. 이 영역에서 유아들은 신체적·인지적 발달 이외에도 협동심과 사회적 규칙을 배워 나갈 수 있다(김수향, 이경하, 이용주, 임영심, 2015). 또한 다양한 블록을 쌓고 무너뜨리는 과정을 통해 유아들은 공격성, 공포, 질투 등 부정적인 감정을 해소하고 긴장감을 완화시킬 수 있다. 유아들은 자신이 만들고 싶은 구성물을 만들면서 자신감과 성취감을 얻으며 창의성을 발달시킬 수 있다(우수경, 김현자, 신선희, 유영의, 김호, 김현정, 2012).

#### (1) 환경구성

쌓기놀이 영역은 활동적인 공간에 블록을 최대한 활용하여 구성할 수 있도록 충분한 공간(유아 3~5명, 6.6m$^2$ 정도)을 확보하여 설치한다. 또한 쌓기놀이 영역은 활동적이며 소음이 발생하는 영역이므로 언어나 과학 등 정적인 영역과는 떨어져서 배치하는 것이 좋다. 쌓기놀이 영역의 구성은 다른 영역에 방해가 되지 않도록 다음의 사항을 고려하여 설치한다(이은화 외, 2001).

- 교구장으로 구분하여 다른 영역 활동의 간섭이나 방해를 배제한다.
- 카펫을 깔아 소음을 줄인다.
- 테이프로 개별 짓기 영역을 분할시켜 줄 수도 있다.
- 블록의 전체 모습이 보이도록 교구장을 제시한다.

쌓기놀이 영역에서 제시하는 블록의 종류는 다양해야 하며, 블록 이외에도 유아들의 흥미나 활동주제와 관련지어 다양한 구성놀이를 할 수 있는 가족인형, 동물인형, 기타 여러 가지 소품을 비치하면 좋다. 쌓기놀이 영역에 필요한 기본 교재·교구는 〈표 6-1〉과 같다.

쌓기놀이 영역 환경 구성

〈표 6-1〉 쌓기놀이 영역의 기본 교재 · 교구

| 구분 | 기본 교재 · 교구 |
|---|---|
| 기본 블록들 | 단위블록, 종이벽돌, 속이 빈 나무토막, 유니트 블록, 공간 블록, 널빤지, 스펀지 블록, 상자나 빈 통 등 |
| 운송기관류 | 크기가 다양한 자동차, 배, 비행기, 기차 등 |
| 인형류 | 인형(모형동물, 사람, 폐품을 이용해 만든 인형), 동물 인형 등 |
| 기타 자료 | 사회 극놀이에 필요한 소품들(동물 가면, 신호등, 교통 표지판 등), 블록으로 만들 수 있는 아이디어를 주는 참고자료(화보, 책 등) |

### (2) 교사의 역할 및 유의점

교사는 쌓기놀이 영역에서 유아들의 창의적인 구성놀이 및 또래와의 연합 또는 협동놀이가 촉진되도록 유아를 격려한다. 또한 유아들 간의 의견 차이와 신체적 접촉이 활발히 일어나는 곳이므로 교사는 전체를 볼 수 있는 위치에서 항상 주의 깊게 관찰하여 적절히 개입함으로써 유아들이 문제를 긍정적으로 해결할 수 있도록 돕는다. 유아들이 정리정돈을 함으로써 모양, 크기, 색 등의 개념을 익힐 수 있도록 교구장 앞이나 바닥에 블록의 형태 밑그림 및 사진을 붙여 주어 그림에 따라 정리할 수 있도록 한다(이은화 외, 2001).

쌓기놀이 영역 운영 시 유의할 점은 다음과 같다(김수향 외, 2015).

- 블록은 견고하고 위험하지 않아야 하며, 다양한 형태, 크기들을 제공하여 유아들의 공간지각 능력, 구성능력, 비교분석 능력을 키울 수 있도록 제공한다.
- 유아가 구조물을 쌓을 때 방해받지 않고 활동에 몰두할 수 있도록 충분한 공간을 마

련해 주며, 통행이 많지 않은 곳에 배치하고, 역할놀이 영역과 인접하여 배치하면 두 영역의 통합적 활동이 활발하게 이루어지는 효과가 있다.

- 유아의 구성능력 및 조작능력을 고려하여 다양한 종류의 블록을 순차적으로 제공한다.
- 확장활동으로 발전시킬 수 있도록 관련 사진이나 그림 카드를 제공한다.
- 쌓기놀이 공간이 높낮이를 조절하여 구성할 수 있도록 책상, 널빤지, 의자 등을 제공한다.

### (3) 관찰 및 기록

**활동 6-7** 쌓기놀이 영역의 환경에 대해 관찰하고 평가해 보세요.

[관찰 기록 지침]

① 영역 배치 칸에는 쌓기놀이 영역의 교구장, 의자 등의 배치를 자세히 그려 넣는다. 쌓기놀이 영역 좌우에 어떠한 영역이 배치되어 있는지 이름을 쓴다.

② 쌓기놀이 영역에 해당되는 교재·교구가 비치되어 있다면 유무 칸에 ○, ×로 표시하고 비고란에는 비치된 교재·교구의 이름을 기록한다.

③ 쌓기놀이 영역 환경구성 평가는 평가내용을 충족하면 관찰결과 칸에 ✓ 표시한다.

<table>
<tr><td>관찰자</td><td colspan="2"></td><td>관찰일시</td><td></td></tr>
<tr><td>관찰기관</td><td colspan="2"></td><td>관찰학급</td><td></td></tr>
<tr><td>영역 배치</td><td colspan="4"></td></tr>
<tr><td>관찰 사항</td><td colspan="4">관찰내용</td></tr>
<tr><td rowspan="5">교재·<br>교구의 종류</td><td>종류</td><td>유무</td><td colspan="2">비고</td></tr>
<tr><td>기본 블록</td><td></td><td colspan="2"></td></tr>
<tr><td>운송기관류</td><td></td><td colspan="2"></td></tr>
<tr><td>인형류</td><td></td><td colspan="2"></td></tr>
<tr><td>기타 자료</td><td></td><td colspan="2"></td></tr>
<tr><td rowspan="6">쌓기놀이<br>영역<br>환경구성<br>평가</td><td colspan="3">평가내용</td><td>관찰결과</td></tr>
<tr><td colspan="3">영역에 제시된 블록은 견고하고 위험하지 않다.</td><td></td></tr>
<tr><td colspan="3">쌓기활동을 위해 넉넉한 공간을 갖추고 있다.</td><td></td></tr>
<tr><td colspan="3">교구들의 사진, 그림이 제시되어 정리되어 있다.</td><td></td></tr>
<tr><td colspan="3">카펫이나 가리개를 활용하여 소음을 줄이도록 하였다.</td><td></td></tr>
<tr><td colspan="3">역할놀이 영역과 인접하여 구성하였다.</td><td></td></tr>
</table>

활동 6-8 쌓기놀이 영역에서 놀이하고 있는 유아를 관찰하여 놀이 참여과정과 놀잇감 사용을 관찰하고 기록해 보세요.

| 관찰자 | | 관찰일시 | |
|---|---|---|---|
| 관찰기관 | | 관찰학급 | |
| 관찰시간 | 관찰내용 | | |
| | | | |

(4) 요약 및 의미 찾기

활동 6-9 예비유아교사로서 쌓기놀이 영역에서 유아들과 놀이하면서 경험하는 어려움은 무엇인지 이야기 나누어 보세요.

## 2) 역할놀이 영역

역할놀이 영역은 유아가 극놀이 또는 역할놀이를 통해 가족의 역할, 다양한 직업의 기능 및 사회적 역할을 익히며 자신이 흥미롭게 느낀 사건이나 경험, 생각을 구체적 사물을 가지고 놀이 속에서 재현해 보거나 새롭게 창조해 보는 활동을 하는 곳이다(교육과학기술부, 2008). 동시에 또래와의 상호작용을 통해 다양한 인간관계와 현실 및 상상의 세계를 경험하는 영역이기도 하다.

### (1) 환경구성

프로스트와 키싱어(1976)의 실내흥미영역 구성의 기준에 따르면 역할놀이 영역은 활동적이고 건조한 제2지역에 해당된다. 역할놀이 영역의 환경 구성원리는 다음과 같다.

첫째, 유아들의 움직임과 이동이 많고, 단순한 놀이에서 복잡하고 추상적인 놀이로 확장되는 특성이 있으므로 동적인 놀이영역에 배치한다. 쌓기놀이 영역과 근접하게 배치하면 두 영역의 놀이가 통합되어 확장될 수 있어 효과적이다.

쌓기놀이 영역과 근접하게 배치하기

둘째, 어린 연령일수록 가정과 같은 분위기를 조성해 주고, 연령이 증가할수록 다양한 사회 구성원의 역할을 경험할 수 있도록 영역에 변화를 준다.

셋째, 다양한 역할을 경험할 수 있도록 기본 설비(부엌가구, 실물과 유사한 생활 소품 등) 및 자료는 계절, 활동주제와의 관련성, 유아의 경험 및 견학과 관련된 자료를 유아의 연령이나 놀이 경험에 따라 주기적으로 변화시켜 준다.

넷째, 자료는 구조적 놀잇감(실물성이 높은 놀잇감/용도가 정해진 놀잇감)과 상상적이고 창의적인 놀이를 지원할 수 있는 비구조적 놀잇감(실물성이 낮은 놀잇감/유아의 생각과 놀이 상황에 따라 변형이 자유로운 놀잇감)을 균형 있게 비치한다.

다섯째, 커다란 가구가 비치되므로 충분한 공간(6.6~9.9m$^2$)을 확보하고, 커튼이나 소파 등으로 아늑한 환경을 조성하여 유아의 가작화 활동에 도움이 되도록 한다.

여섯째, 여러 가지 의상을 입고 변화된 자신의 모습을 보면서 자아상을 발달시켜 가고, 다양한 상상놀이에 이용할 수 있도록 전신거울을 준비하여 준다(문희연, 2002).

일곱째, 유아들이 놀이를 하며 필요에 따라 스스로 환경을 구성하고 놀이와 문해(읽고 쓰기)가 의미 있게 통합될 수 있도록 여러 가지 쓰기(그리기) 도구와 다양한 재질 및 크기의 종이, 꾸미기 자료를 비치해 준다.

상상놀이: 마법침대

주제놀이: 기차놀이

생일축하놀이

가게(빵집)놀이

〈표 6-2〉 역할놀이 영역의 기본 교재 · 교구

| 구분 | 기본 교재 · 교구 | |
|---|---|---|
| | 구조화된 놀잇감 | 비구조화된 놀잇감 |
| 주방용품 | 싱크대, 모형냉장고, 믹서, 국자, 도마, 칼 등의 주방기기 | 플라스틱 병, 바구니, 상자, 끈, 머플러, 스카프, 보자기, 천 조각, 도미노 블록, 밧줄, 훌라후프, 빈 봉지, 털실, 막대기, 천으로 만든 고리, 비닐터널, 호스 등 |
| 가정용품 | 화장대, (전신)거울, 옷장, 침대, 전화기, 카메라, 드라이어, 시계, 빗, 청소도구 등 | |
| 의상류 | 와이셔츠, 앞치마, 넥타이, 모자, 신발류, 장신구, 직업을 나타내는 옷, 전통 옷, 드레스, 앞치마 등 | |
| 기타 자료 | 마이크, 인형류, 주제놀이 관련 소품, 각종 모형 등 | |

### (2) 교사의 역할 및 운영 시 유의점

교사는 유아들의 역할놀이가 더욱 풍부하게 이루어질 수 있도록 유아들이 주로 참여하는 놀이 주제, 선호하는 놀잇감과 역할, 놀이 지속 시간, 놀이에 참여하는 유아의 집단구성 유형을 관찰해야 한다(이숙재, 2004). 교사는 관찰을 통해 현재 유아들이 생각하고 인식하고 있는 다양한 사람들의 사회적 역할을 이해할 수 있다(Water, 2012). 그리고 교사는 직접 혹은 간접개입을 통해 적절한 모델을 보여 주고, 유아들이 역할 갈등으로 인한 다툼, 놀이에 참여하지 못하거나 소극적인 유아에 대해 적절히 조정하며 지원하는 중재자의 역할을 해야 한다(김명희, 이종현, 고은님, 2007).

역할놀이 영역 운영 시 유의점은 다음과 같다(이영자, 이기숙, 이정욱, 2009).

- 여아나 남아의 구분 없이 놀이에 참여할 수 있도록 역할놀이 영역의 자료와 소품은 성 차별이 없고 다양한 문화적 배경을 포함시켜야 한다.
- 역할놀이 영역에서 이루어지는 놀이의 주제는 유아의 경험을 반영하기 때문에 교사가 놀이를 주도하지 않도록 유의한다.
- 만 5세의 경우 역할놀이에 필요한 소품은 유아 스스로 만들어 사용할 수 있도록 한다.
- 역할놀이 영역의 자료와 소품은 양이 많고 복잡하기 때문에 정리정돈을 위해서는

많은 시간이 필요하다. 따라서 유아들이 놀이를 하다가 다른 영역으로 이동할 때에는 사용한 자료와 소품은 정리하도록 하고, 자유선택활동을 끝낼 때에는 계획된 정리 시간보다 미리 알려 준다.

(3) 관찰 및 기록

활동 6-10 역할놀이 영역의 환경을 관찰하고 평가해 보세요.

[관찰 기록 지침]

① 영역배치 칸에는 역할놀이 영역의 교구장과 책걸상 배치를 자세히 기술한다. 역할놀이 영역 좌우에 어떠한 영역이 배치되어 있는지 이름을 적는다.

② 자료의 종류는 해당 자료가 비치되어 있다면 유무 칸에 ○, ×로 표시하고, 비치된 자료의 이름을 기록한다.

③ 역할놀이 영역 환경구성 평가는 평가 내용을 충족하면 관찰결과 칸에 ✓ 표시한다.

<table>
<tr><td>관찰자</td><td colspan="2"></td><td>관찰일시</td><td></td></tr>
<tr><td>관찰기관</td><td colspan="2"></td><td>관찰학급</td><td></td></tr>
<tr><td>영역 배치</td><td colspan="4"></td></tr>
<tr><td>관찰사항</td><td colspan="4">관찰내용</td></tr>
<tr><td rowspan="5">교재·교구의 종류</td><td>종류</td><td>유무</td><td colspan="2">비치 자료</td></tr>
<tr><td>주방용품</td><td></td><td colspan="2"></td></tr>
<tr><td>가정용품</td><td></td><td colspan="2"></td></tr>
<tr><td>의상류</td><td></td><td colspan="2"></td></tr>
<tr><td>기타 자료</td><td></td><td colspan="2"></td></tr>
<tr><td rowspan="9">역할놀이 영역 환경구성 평가</td><td colspan="3">평가내용</td><td>관찰결과</td></tr>
<tr><td colspan="3">주제놀이를 할 수 있도록 넉넉한 공간을 갖추고 있다.</td><td></td></tr>
<tr><td colspan="3">인접 영역과의 특성을 고려하여 배치하였다.</td><td></td></tr>
<tr><td colspan="3">주제에 맞는 구조화된 놀잇감이 제시되어 있다.</td><td></td></tr>
<tr><td colspan="3">상상놀이를 지원하는 비구조화된 놀잇감이 제시되어 있다.</td><td></td></tr>
<tr><td colspan="3">놀이 확장에 필요한 그림이나 사진 자료들을 벽에 게시하였다.</td><td></td></tr>
<tr><td colspan="3">활동 자료를 제자리에 정리할 수 있도록 표시하였다.</td><td></td></tr>
<tr><td colspan="3">천, 쿠션, 커튼이나 소파 등을 이용하여 아늑한 분위기를 만들었다.</td><td></td></tr>
<tr><td colspan="3">다양한 문해 자료(놀이 관련 책, 쓰기 자료)를 비치하였다.</td><td></td></tr>
</table>

**활동 6-11** 유아교육기관의 역할놀이 영역에서 유아들의 놀이를 관찰하여 놀이 행동을 구체적으로 기록해 보세요.

<table>
<tr><td rowspan="2">관찰학급</td><td rowspan="2">반(만 세)</td><td>관찰일시</td><td></td></tr>
<tr><td>관찰자</td><td></td></tr>
<tr><td>생활주제</td><td></td><td>놀이주제</td><td></td></tr>
<tr><td>관찰내용</td><td colspan="3"></td></tr>
</table>

(4) 요약 및 의미 찾기

활동 6-12 〈활동 6-10〉과 〈활동 6-11〉을 통해 관찰한 놀잇감을 구조화 유무에 따라 구분하여 기록해 보세요.

| 구조화된 놀잇감 | 비구조화된 놀잇감 |
| --- | --- |
| | |

## 3) 언어영역

언어영역은 듣기, 말하기, 읽기, 쓰기와 관련된 언어활동을 할 수 있도록 구성되어 있는 영역이다. 유아는 언어영역에서의 활동 경험을 통해 일상생활에 필요한 언어능력을 향상시키고, 다양한 사고와 표현을 해 봄으로써 창의성과 사고력을 증진시킬 수 있다. 또한 다른 사람의 이야기를 주의 깊게 듣고 이해하며 자신의 의견을 바르게 말하는 활동을 통해 의사소통을 위한 올바른 태도와 습관을 형성해 간다.

(1) 환경구성

언어영역의 환경구성은 교실 내 조용한 곳에 위치하여 아늑하고 친밀한 느낌을 줄 수 있어야 한다. 가급적 동적활동 영역이나 출입구, 통로와 멀리 떨어진 곳에 위치하게 하되, 미술영역이나 과학영역 등 조용한 놀이영역과 인접하여 배치하는 것이 좋다. 영유아의 신체발달에 맞는 낮은 장이나 선반, 편안한 의자나 쿠션, 카펫 등을 이용하여 자유롭고 안정적인 분위기를 제공해 준다. 특히 언어영역은 밝고 햇빛이 잘 드는 창가에 위치하도록 하여 유아들이 활동 시 불편함이 없도록 해야 한다.

언어영역은 공간 활용 여부에 따라 듣기, 말하기, 읽기, 쓰기 영역 등으로 구분해 줄 수 있고, 공간이 좁은 경우는 한곳에 영역을 정하고 영역별 활동을 적절히 배치시켜 활용하기도 한다.

언어영역 전경

언어영역 자료

쓰기영역 자료

듣기 활동 자료

언어영역 활동을 위해 갖추어야 할 기본적인 교재 · 교구는 〈표 6-3〉과 같다.

〈표 6-3〉 언어영역의 기본 교재 · 교구

| 구분 | 기본 교재 · 교구 |
|---|---|
| 듣기 | • 녹음 자료: CD 플레이어, 헤드셋<br>• 듣기 자료: 녹음된 동화 · 동시 · 동요, 다양한 효과음, 교사가 녹음한 자료 |
| 말하기 | • 다양한 종류의 인형류(손가락/손인형, 막대인형, 테이블인형), 인형극 틀<br>• 역할놀이용 소품(가면, 모자, 머리띠)<br>• 말하기를 유도할 수 있는 실물 자료(전화기, 핸드폰, 마이크)<br>• 녹음기, 헤드셋, 공 테이프, 게임카드, 융판과 융판 자료, 자석판과 자석 자료, 이야기 꾸미기 자료, 수수께끼카드 |
| 읽기 | • 다양한 종류의 그림책: 촉감책(헝겊, 비닐, 스펀지, 사포), 움직임이나 소리나는 책, 개념책, 그림책(글 없는 책, 단어 · 문장이 있는 그림책), 정보 관련 책, 동요 · 동시집, 잡지책, 카탈로그, 사전류, 속담책, 유아들이 만든 이야기책, 집단게임 교구<br>• 모양 변별카드, 수수께끼 글자카드, 친구 이름카드, 사전카드, 그림글자 사전, 이름표, 글자 도미노, 자석판과 글자, 글자퍼즐, 글자블록 |
| 쓰기 | • 화이트보드, 소형칠판, 자석판, 마커나 보드펜<br>• 다양한 질감 · 색깔 · 모양의 쓰기 종이(도화지, 편지지, 포일, 색지, 봉투, 비닐)<br>• 4B연필, 색연필, 크레파스, 사인펜, 네임펜, 매직, 색풀, 분필, 붓, 붓펜 등 다양한 필기도구들<br>• 다양한 형태의 베껴 내기 도구<br>• 풀, 가위, 지우개, 스테이플러, 모양펀치, 투명테이프, 컴퓨터와 프린터, 단어카드, 자음 · 모음조각카드, 도장 및 스탬프, 우편함과 같은 쓰기활동을 유도할 수 있는 자료 |

### (2) 교사의 역할 및 운영 시 유의점

유아의 언어활동에 있어 교사의 역할은 매우 중요하다. 유아가 즐겁게 언어활동에 참여할 수 있도록 바람직한 언어 환경을 조성해 주고, 언어활동을 계획하고 실행하는 동안 다양한 상호작용이 이루어지도록 한다.

바람직한 언어환경 조성을 위한 교사의 역할은 다음과 같다(신화식, 윤선희, 최경숙, 정은주, 오은순, 이성희 외, 2013).

• 유아가 항상, 어디서, 누구하고라도 언어적 경험을 하고 싶도록 격려하는 허용적인

학급 분위기를 조성한다.

- 활동의 결과보다는 과정을 중시하며 민주적이며 자발적인 언어 경험을 유도한다.
- 유아의 잠재적 언어능력을 믿고 실수를 용납하며 창안적인 언어행동을 수용한다.
- 듣기, 말하기, 읽기, 쓰기가 균형적으로 발달되도록 지도한다.
- 계획적인 활동 이외에 하루 일과 속에서 통합적인 언어지도가 되도록 한다.
- 개별적인 언어발달 수준을 잘 파악하고 이에 맞추어 지도한다.
- 모든 언어행동의 모델이 된다.
- 매사 유아의 이야기에 경청하고 구체적인 반응을 한다.
- 교사는 분명한 발음과 알 수 있는 어휘, 간결하나 완성된 문장으로 말한다.
- 유아에게 제시하는 문자는 반듯한 형태로 제시하고 교사 자신이 활동을 즐긴다.
- 언어생활의 예의를 자연스럽게 보여 주고 지도한다.
- 잘못된 발음, 글자 등을 지도할 때는 직접적 교정보다 간접적인 방법을 사용한다.
- 교사는 유아와 함께 책 읽는 기회를 자주 갖고 내용에 대해 이야기 나눈다.

작은책 만들기

동시 재구성

그림책 읽기

그림책 듣기

### (3) 관찰 및 기록

**활동 6-13** 언어영역의 환경을 관찰하고 평가해 보세요.

[관찰 기록 지침]

① 영역배치 칸에는 언어영역의 교구장과 책걸상 배치를 자세히 기술한다. 언어영역 좌우에 어떠한 영역이 배치되어 있는지 이름을 적는다.

② 교재 · 교구가 종류에는 해당 자료가 비치되어 있다면 유무 칸에 ○, ×로 표시하고, 비치된 언어활동 자료의 이름을 기록한다.

③ 언어영역 환경구성 평가는 평가내용을 충족하면 관찰결과 칸에 ✓ 표시한다.

<table>
<tr><td>관찰자</td><td colspan="2"></td><td>관찰일시</td><td></td></tr>
<tr><td>관찰기관</td><td colspan="2"></td><td>관찰학급</td><td></td></tr>
<tr><td>영역 배치</td><td colspan="4"></td></tr>
<tr><td>관찰사항</td><td colspan="4">관찰내용</td></tr>
<tr><td rowspan="5">교재 · 교구의 종류</td><td>종류</td><td>유무</td><td colspan="2">비치 자료</td></tr>
<tr><td>듣기 자료</td><td></td><td colspan="2"></td></tr>
<tr><td>말하기 자료</td><td></td><td colspan="2"></td></tr>
<tr><td>읽기 자료</td><td></td><td colspan="2"></td></tr>
<tr><td>쓰기 자료</td><td></td><td colspan="2"></td></tr>
<tr><td rowspan="9">언어영역 환경구성 평가</td><td colspan="3">평가내용</td><td>관찰결과</td></tr>
<tr><td colspan="3">책상 및 의자 등 기본설비가 유아의 발달과 안전을 고려하였다.</td><td></td></tr>
<tr><td colspan="3">소음이 발생하는 영역과 분리되어 조용한 곳에 배치하였다.</td><td></td></tr>
<tr><td colspan="3">쿠션, 방석, 낮은 소파, 낮은 탁자나 책꽂이 등이 준비되어 있다.</td><td></td></tr>
<tr><td colspan="3">동일한 자료일 경우 유아의 수에 따라 충분히 구비되어 있다.</td><td></td></tr>
<tr><td colspan="3">주제와 관련된 듣기, 말하기, 읽기, 쓰기 자료가 충분히 제공되고 있다.</td><td></td></tr>
<tr><td colspan="3">책이나 자료를 놀이 후 정리할 수 있도록 표시하였다.</td><td></td></tr>
<tr><td colspan="3">고정화된 자료보다 융통성 있게 활용되는 자료를 준비하였다.</td><td></td></tr>
<tr><td colspan="3">상품화된 자료보다 유아나 교사가 제작한 자료가 제공되고 있다.</td><td></td></tr>
</table>

**활동 6-14** 언어활동을 하고 있는 유아 2명을 선택하여 어떤 자료를 사용하는지 관찰 · 기록하세요.

[관찰 기록 지침]

① 관찰자, 일시, 학급, 대상을 기록한다.

② 언어영역에서 활동하는 유아 2명을 정한다.

③ 유아가 활동하고 있는 자료를 관찰하고 관찰결과 칸에 ✓ 표시하고 활동명을 기록한다(언어영역의 기본교재 · 교구 참조).

④ 관찰 기록지에 없는 활동이 관찰된다면 관찰자가 추가로 기록할 수 있다.

<table>
<tr><td colspan="2">관찰자</td><td></td><td colspan="2">관찰일시</td><td></td></tr>
<tr><td colspan="2">관찰학급</td><td>(만 세)</td><td colspan="2">관찰대상</td><td>(남/여)</td></tr>
<tr><td rowspan="2">구분</td><td rowspan="2">교재 · 교구의 종류</td><td colspan="2">유아 1</td><td colspan="2">유아 2</td></tr>
<tr><td>관찰 결과</td><td>활동자료명</td><td>관찰 결과</td><td>활동자료명</td></tr>
<tr><td>듣기자료</td><td>CD, 테이프, 소리상자 등</td><td></td><td></td><td></td><td></td></tr>
<tr><td>말하기자료</td><td>유아 스스로 이야기 꾸미기나 인형극 자료, 융판, 손인형, 막대인형, 그림 조각 등</td><td></td><td></td><td></td><td></td></tr>
<tr><td>읽기자료</td><td>다양한 주제의 그림책, 지식 정보책, 수수께끼책, 속담책, 이름카드 등</td><td></td><td></td><td></td><td></td></tr>
<tr><td>쓰기자료</td><td>모양 종이, 글자 바느질, 칠판, 쓰기도구 등</td><td></td><td></td><td></td><td></td></tr>
<tr><td>기타자료</td><td></td><td></td><td></td><td></td><td></td></tr>
</table>

(4) 요약 및 의미 찾기

언어영역은 듣기, 말하기, 읽기, 쓰기와 관련된 활동을 통해 일상생활에 필요한 언어능력을 향상시켜 준다. 교사는 유아가 사회적 관계 속에서 다양한 상호작용을 통해 의사소통 능력이 갖추어 질 수 있도록 서로 존중하는 분위기를 조성하고 지원해 주어야 한다.

**활동 6-15** 유아들의 언어활동을 관찰한 후, 인상 깊었던 내용이나 기억에 남는 장면을 한 문장으로 기록해 보세요.

**활동 6-16** 〈활동 6-14〉에서 관찰된 언어영역 활동을 조별로 토의한 후 듣기, 말하기, 읽기, 쓰기 영역 중 어느 영역에 집중되어 있는지 그래프로 나타내 보세요.

[관찰 기록 지침]

① 어떤 형태의 언어영역 활동이 이루어졌는지 개별관찰 결과를 횟수만큼 ▧ 칠한다.

② 조별로 토의한 후 그 결과를 원그래프로 나타내 본다.

| 10 | | | | | |
|---|---|---|---|---|---|
| 9 | | | | | |
| 8 | | | | | |
| 7 | | | | | |
| 6 | | | | | |
| 5 | | | | | |
| 4 | | | | | |
| 3 | | | | | |
| 2 | | | | | |
| 1 | | | | | |
| 횟수 | 듣기 | 말하기 | 읽기 | 쓰기 | 기타 |

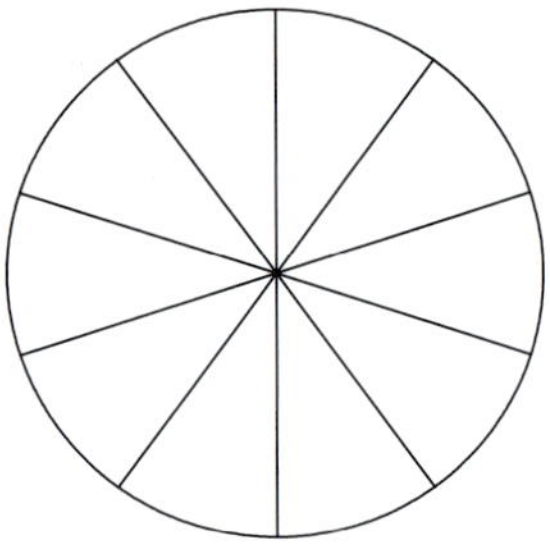

## 4) 수 · 조작영역

### (1) 환경구성

수 · 조작영역은 측정, 어림셈, 기하와 공간, 자료 수집과 분류 및 통계, 패턴, 계산기나 컴퓨터를 활용하는 폭넓은 내용에 유아가 능동적으로 참여하여 수학적 지식을 구성하게 하는 영역이다(한유미, 2010).

수 · 조작영역은 개별적인 탐색과 직접 조작하는 경험을 촉진하는 영역이므로 유아들의 집중을 지원할 수 있도록 언어영역이나 과학영역과 인접한 밝고 조용한 위치에 설치한다. 교구는 낮은 교구장에 종류별로 진열해 놓음으로써 유아들이 언제나 손쉽게 이용할 수 있도록 해 주고, 바닥에 카펫을 깔아 앉아서도 활동할 수 있도록 하고 동시에 책상과 의자도 배치할 수 있다. 또한 비교, 분류, 측정 등의 작업결과를 게시할 수 있는 공간도 제공되어야 한다(이기숙, 2000).

〈표 6-4〉 수 · 조작영역의 기본 교재 · 교구

| 구분 | | 기본 교재 · 교구 |
|---|---|---|
| 조작 교구 | 조작적 활동 | 그림 맞추기, 숫자 퍼즐, 색퍼즐, 도형 퍼즐 등 |
| | 구성활동 | 레고블록, 코코블록, 다목적 블록, 꽃블록, 만능블록, 옥색 만능 띠 등 |
| | 일상생활활동 | 지퍼 올리기, 단추 끼우기, 끈꿰기, 벨트 매기, 머리 빗기, 양치질하기, 열쇠 · 자물쇠 맞추기, 볼트 · 너트 맞추기, 옮겨 담기 등 |
| | 게임 | 보드 게임, 바둑판과 바둑알 등 |
| 수학 교구 | 기본자료 | 셈하기 틀, 주사위, 기하학적 도형들, 분수판, 도미노, 자석문자와 수, 자석판, 놀이용 숫자카드, 기록판, 퍼즐, 수 세기 못과 판, 다양한 크기와 형태의 블록, 수블록, 더하기 막대, 놀이용 돈, 색깔 구슬 등 |
| | 분류활동 | 분류할 물건, 분류할 그림, 분류활동에 필요한 물건(종이컵, 요구르트 병 등) 등 |
| | 공간과 기하활동 | 입체 자료, 평면 자료, 창의적인 구성을 위한 모양 색종이, 수수깡 등 |

출처: 우수경, 김현자, 신선희, 유영의, 김호, 김현정(2012).

수 · 조작영역 환경 구성

### (2) 교사의 역할 및 운영 시 유의점

교사는 유아의 수・조작놀이를 지도함에 있어 유아가 직접 구체적 문제를 조작・변형해 보는 경험을 할 수 있도록 하며, 유아의 사고를 자극하고 격려하는 질문을 하며 일상생활과 수학활동을 연결 지을 수 있도록 수학적 상황에 민감해야 한다(이경우, 홍혜경, 신은수, 진명희, 2003).

수학 교육 자료 선택 및 제공 시 유의점은 다음과 같다(한유미, 2010).

- 학습하고자 하는 수학적 개념에 맞추어 적합한 자료를 제공해야 한다.
- 유아의 발달 특성 및 사전 경험을 고려하여 구체적인 자료에서 추상적인 자료의 순서로 자료를 제공해야 한다.
- 상업적 교구(블록, 퍼즐 등), 일상 교구(재활용품 등), 교사 제작 교구 등의 교재・교구를 학습 개념 및 발달에 적절하게 선정하여 제공해야 한다.

### (3) 관찰 및 기록

**활동 6-17** 수・조작영역의 환경을 관찰하고 평가해 보세요.

[관찰 기록 지침]

① 영역 배치 칸에는 수・조작영역의 교구장과 책걸상 배치를 자세히 그려 넣는다. 수・조작영역 좌우에 어떠한 영역이 배치되어 있는지 이름을 적는다.

② 수・조작영역의 종류는 해당 종류 교재・교구가 비치되어 있다면 유무 칸에 ○, ×로 표시하고, 비치된 교재・교구의 이름을 기록한다.

③ 수・조작영역 환경구성 평가는 평가내용을 충족하면 관찰결과 칸에 ✓ 표시한다.

<table>
<tr><td>관찰자</td><td colspan="2"></td><td>관찰일시</td><td></td></tr>
<tr><td>관찰기관</td><td colspan="2"></td><td>관찰학급</td><td></td></tr>
<tr><td>영역 배치</td><td colspan="4"></td></tr>
<tr><td>관찰 사항</td><td colspan="4">관찰내용</td></tr>
<tr><td rowspan="8">교재 · 교구의 종류</td><td colspan="2">종류</td><td>유무</td><td>비치 자료</td></tr>
<tr><td rowspan="4">조작 교구</td><td>조작적 활동</td><td></td><td></td></tr>
<tr><td>구성 활동</td><td></td><td></td></tr>
<tr><td>일상생활 활동</td><td></td><td></td></tr>
<tr><td>게임</td><td></td><td></td></tr>
<tr><td rowspan="3">수학 교구</td><td>기본 자료</td><td></td><td></td></tr>
<tr><td>분류 활동</td><td></td><td></td></tr>
<tr><td>공간과 기하 활동</td><td></td><td></td></tr>
<tr><td rowspan="9">수 · 조작 영역 환경구성 평가</td><td colspan="3">평가내용</td><td>관찰결과</td></tr>
<tr><td colspan="3">하나의 독립된 공간으로 구성되어 있다.</td><td></td></tr>
<tr><td colspan="3">밝고 조용한 영역에 배치되어 있다.</td><td></td></tr>
<tr><td colspan="3">활동을 위해 적절하고 융통성 있는 공간을 갖추고 있다.</td><td></td></tr>
<tr><td colspan="3">교재 · 교구를 교구장이나 선반에 적절히 배치했다.</td><td></td></tr>
<tr><td colspan="3">교재 · 교구 등을 제자리에 정리할 수 있도록 표시하였다.</td><td></td></tr>
<tr><td colspan="3">천정, 벽면, 교구장 옆면 등을 이용하여 수학적인 분위기를 만들었다.</td><td></td></tr>
<tr><td colspan="3">카펫이나 가리개를 이용하여 소음을 줄이도록 하였다.</td><td></td></tr>
<tr><td colspan="3">인접 영역의 특성을 고려하여 배치하였다.</td><td></td></tr>
</table>

**활동 6-18** 다음의 체크리스트를 이용하여 수 · 조작영역의 참여도를 평가한 후 수 · 조작놀이 영역에 참여를 많이 한 유아와 그렇지 않은 유아를 분류하세요.

| 관찰자 | | 관찰일시 | | |
|---|---|---|---|---|
| 관찰기관 | | 관찰학급 | | 반(만 세) |
| 날짜 / 유아명 | 월 일 요일 | 월 일 요일 | 월 일 요일 | 월 일 요일 |
| 예) 배수빈 | 9월 1일 목요일 | 9월 8일 목요일 | 9월 15일 목요일 | 9월 22일 목요일 |
| | ✓ | | ✓ | ✓ |
| | | | | |
| | | | | |
| | | | | |
| | | | | |
| | | | | |
| | | | | |
| | | | | |
| | | | | |
| | | | | |
| | | | | |
| | | | | |
| | | | | |
| | | | | |
| | | | | |
| | | | | |
| | | | | |
| | | | | |
| | | | | |
| | | | | |
| | | | | |
| | | | | |
| | | | | |
| | | | | |
| | | | | |
| | | | | |
| | | | | |

### (4) 요약 및 의미 찾기

**활동 6-19** 〈활동 6-18〉에서 수 · 조작영역에 가장 많이 참여한 유아가 가장 재미있게 활동한 놀이는 무엇이었고 그 이유는 무엇이었는지 동료와 논의하여 기록하세요.

## 5) 과학영역

### (1) 환경구성

과학영역은 물질의 특성, 물, 자력, 움직임, 빛과 그림자, 바람, 소리, 식물, 동물, 날씨, 돌과 흙 등 유아가 접하는 주변 환경을 관찰 · 실험하고 탐구하는 영역이다. 유아는 과학영역을 통해서 주변사물과 자연세계에 지속적으로 호기심을 가지고 다양한 감각을 활용하여 탐구하며 일상생활에서 경험하는 여러 가지 현상과 사물의 특성을 이해하고 문제를 해결해 가는 과정을 경험한다(교육부, 2015). 이처럼 과학영역은 다른 영역에 비해 환경이 차지하는 비중이 커서 제공되는 환경의 질에 따라 유아의 과학학습의 내용과 질이 달라질 수 있으므로 교사의 풍부한 자료 준비와 계획된 환경이 필요하다.

과학영역에서 곤충이나 작은 동물과 식물을 기르고 실험 · 요리 · 분해 및 조립 등 여러 가지 과학 개념 형성을 위한 활동이 이루어지므로, 교실에서 햇볕이 잘 들고 조용하며 안정된 장소에 물 공급을 쉽게 받을 수 있도록 수도 가까이에 배치하는 것이 좋다. 그리고 과학활동을 위한 기본도구, 생명체 관련 자료 및 표본, 기계류, 자연현상 관련 자료, 기록용지 및 쓰기도구 등을 준비해 주고, 유아들이 조사한 내용을 전시할 게시판, 수집한 내용을 전시할 관찰대, 정리장 및 선반을 마련해 준다(김영옥, 오숙현, 임영숙, 정경자, 2010). 예를 들어, 봄에 여러 종류의 씨앗과 돋보기 등을 제시하여 유아의 흥미를 유도하고, 씨앗의 종류에 따라 물발아, 흙발아를 할 수 있게 환경을 만들어 주어서 씨앗이 발아하는 것을 관찰할 수 있도록 한다. 그리고 관찰한 내용을 관찰일지나 종이에 그림과 글로 기록하고 벽면에 게시할 수 있도록 하여 여러 친구들과 함께 공유하게 한다. 그리고 활동을 진행하면서 궁금한 것들이 있으면 이야기하거나 글로 적어 보게 하고 궁금증을 하나씩 해결해 나가는 것도 바람직하다. 또한 유아들의 호기심을 지속하기 위해 씨앗이 발아한 후 성장하면 어떤 꽃들이 피어날지 예상해 본 후 관련 사진들을 제시해 주는 것도 하나의 방법이 될 수 있다(김지현, 2016).

〈표 6-5〉 과학영역의 기본 교재 · 교구

| 구분 | 기본 교재 · 교구 |
|---|---|
| 기본 도구 | 돋보기, 현미경, 프리즘, 전지, 온도계, 습도계, 관찰용지, 저울, 날씨판, 모래시계, 계량컵, 저울 등 |
| 물체와 물질의 변화 | 다양한 바퀴, 지렛대, 도르래, 점토, 물레바퀴, 호스, 물에 뜨는 물체와 물에 가라앉는 물체, 자석, 금속물, 손전등, 거울, 부채 등 |
| 식물과 동물 | 꽃과 식물(예: 씨앗, 모종, 화분, 곡식, 견과류 등), 자연물(예: 나뭇잎, 열매, 씨앗, 솔방울, 조개껍데기), 동물(예: 거북이, 금붕어, 햄스터, 병아리, 토끼, 올챙이) |
| 기계류 | 전화기, 계산기, 라디오, 시계, 자전거 등의 부속품, 열쇠 등 |
| 자연현상 관련 자료 | 지구본, 기후 관련 사진이나 그림, 기상도, 풍속계, 구름 · 물 · 바람에 관련된 사진이나 그림, 흙과 모래, 암석 표본 등 |
| 기타 | 관찰하고 조사한 것들을 그리고 쓸 수 있는 기록용지와 쓰기도구, 관찰일지 등 |

씨앗의 발아과정 관찰 · 탐구하기

(2) 교사의 역할 및 운영 시 유의점

교사의 과학에 대한 호기심 및 탐구 태도에 따라 유아들의 반응은 달라진다. 교사의 호기심과 열정은 유아들의 적극적인 참여를 유도하고 능동적인 탐구활동을 격려하며 유아들에게 적절한 학습의 조건을 마련해 준다. 그리고 유아들이 지닌 질문에 명쾌한 대답을 해 줄 수 없더라도 관찰과 실험을 통해 함께 탐구하고, 관련 책들을 찾아보면서 궁금한 것에 대한 해답을 찾아보는 자세와 태도는 유아들에게 좋은 본보기가 될 수 있다.

교사는 유아들에게 어떤 것을 알려 줘야 한다는 생각에서 벗어나서 유아가 스스로 해결하도록 격려해 주어서 자신의 과학 경험을 확장시킬 수 있는 기회를 제공해 주는 것이 바람직하다. 그리고 공통된 경험을 한 후 토의를 진행하여 자신의 생각이나 느낌을 공유하는 기회를 제공해 주어서 유아들이 과학에 보이는 흥미와 관심을 지속시켜 갈 수 있도록 격려해 준다. 뿐만 아니라 유아들의 일상생활 중에 우연히 일어나는 과학적 경험이나 사건을 과학 교육의 기회를 삼고 하나의 과학활동으로 확장시켜 줄 수 있고 결과를 예측해 보고 실험을 통해 검증해 보는 등 탐구하는 태도를 길러 주는 것이 필요하다.

- 생활주제에 국한된 과학활동이나 자료보다는 계절을 고려하고, 무엇보다 유아의 흥미에 기초한 다양한 자연물, 실물, 과학 도구 등을 적절하게 제시해 준다.
- 유아들이 자유롭게 탐색하고 관찰할 수 있는 자료들을 준비해 주고, 친구들과 함께 찾아볼 수 있는 과학 사전, 관련 지식책, 사진 등을 비치해 준다.
- 유아들이 과학 활동의 결과보다는 과정에 즐겁게 참여할 수 있는 기회를 제공해 준다. 유아들이 주도적으로 과학 활동이나 자료들을 통해 궁금증들을 해결하고 새롭게 알게 된 사실이나 기록한 내용들을 전시하여 정보나 탐구한 내용을 공유해 보도록 한다.
- 식물을 키울 경우, 넓은 공간이나 실내와 실외가 연결되도록 구성한다(예: 발아한 새싹이나 모종들 텃밭에 옮겨 심기).
- 곤충이나 동물을 기를 경우, 먹이 주기, 물 갈기 등 정성껏 보살피고, 교실에서 충분한 관찰이 이루어진 후에는 자연을 소중하게 여기도록 원래 있었던 곳(예: 연못, 공원, 숲 등)으로 보내는 과정이 필요하다.

발아한 식물 옮겨 심기

### (3) 관찰 및 기록

**활동 6-20** 과학영역의 환경을 관찰하고 평가해 보세요.

[관찰 기록 지침]

① 영역배치 칸에는 과학영역의 교구장과 책상과 의자는 어떻게 배치되어 있는지, 과학영역 교구장에 어떠한 자료와 교구가 준비되어 있는지 적는다.

② 과학의 개념은 과학영역에 준비된 자료와 교구가 과학적 내용을 다루고 있으면 유무 칸에 ○, ×로 표시하고, 제시된 자료와 교구를 적는다.

③ 과학영역에서 유아의 놀이가 관찰된다면 어떤 과학적 탐구방법을 활용하는지 해당 칸에 유아의 활동에 대해 간단하게 적는다.

④ 집단의 구성은 해당 칸에 ✓ 표시한다.

<table>
<tr><td>관찰자</td><td colspan="2"></td><td>관찰일시</td><td></td></tr>
<tr><td>관찰기관</td><td colspan="2"></td><td>관찰학급</td><td>반(만 세)</td></tr>
<tr><td>영역 배치</td><td colspan="4"></td></tr>
<tr><td>관찰사항</td><td colspan="4">관찰내용</td></tr>
<tr><td rowspan="7">과학적 개념</td><td>내용</td><td>관찰 유무</td><td colspan="2">비치 자료</td></tr>
<tr><td>물질의 움직임/변화</td><td></td><td colspan="2"></td></tr>
<tr><td>물체와 물질의 속성</td><td></td><td colspan="2"></td></tr>
<tr><td>동물</td><td></td><td colspan="2"></td></tr>
<tr><td>식물</td><td></td><td colspan="2"></td></tr>
<tr><td>도구와 기계</td><td></td><td colspan="2"></td></tr>
<tr><td>자연현상</td><td></td><td colspan="2"></td></tr>
<tr><td rowspan="12">과학적<br>탐구방법</td><td colspan="2">평가내용</td><td colspan="2">관찰 유무</td></tr>
<tr><td colspan="2">탐색하기</td><td colspan="2"></td></tr>
<tr><td colspan="2">관찰하기</td><td colspan="2"></td></tr>
<tr><td colspan="2">실험방법 고안하기</td><td colspan="2"></td></tr>
<tr><td colspan="2">비교/분류하기</td><td colspan="2"></td></tr>
<tr><td colspan="2">예측하기</td><td colspan="2"></td></tr>
<tr><td colspan="2">측정하기</td><td colspan="2"></td></tr>
<tr><td colspan="2">원인과 결과(추론하기)</td><td colspan="2"></td></tr>
<tr><td colspan="2">기록하기</td><td colspan="2"></td></tr>
<tr><td colspan="2">자료 찾기</td><td colspan="2"></td></tr>
<tr><td colspan="2">해석하기</td><td colspan="2"></td></tr>
<tr><td colspan="2">기타</td><td colspan="2"></td></tr>
<tr><td rowspan="2">집단 구성</td><td colspan="2">원하는 유아만 참여</td><td colspan="2"></td></tr>
<tr><td colspan="2">의무적으로 참여</td><td colspan="2"></td></tr>
</table>

### (4) 의미 찾기

**활동 6-21** 과학영역에서 관찰한 내용에서 가장 기억에 남거나 인상적인 과학적 탐구방법을 생각해 보고 해당 연령에 작성해 보세요. 연령별로 기록한 내용을 공유한 후 발표해 보세요.

| | |
|---|---|
| 만 3세 | |
| 만 4세 | |
| 만 5세 | |

## 6) 미술영역

유아는 다양한 미술자료를 다루는 과정에서 자료의 특성을 이해함으로써 시각적 · 촉각적 변별력을 기르고, 소근육 및 신체조절 능력을 발달시킨다(김성원, 석은조, 신성숙, 신은정, 이춘옥, 2015). 자신의 생각과 느낌을 자유롭게 표현함으로써 만족감이나 성취감을 느끼고, 이를 통해 창의력을 발달시키며, 공동작업을 통한 또래들과의 상호작용으로 인해 사회적 관계를 지원하게 된다.

### (1) 환경구성

미술영역은 유아들의 능동적 탐색과 표현활동이 이루어지는 활동적 공간으로서 감각적이고 구체적 활동이 가능하도록 구성하며, 다양한 아이디어와 실물을 통해 직접 조작할 수 있는 자료가 충분히 제공되어야 한다(심성경, 백영애, 이영희, 이효숙, 박지애, 박주희, 2013). 그리고 유아들이 편안히 활동할 수 있는 충분한 공간과 정적인 활동임과 동시에 활동적인 영역과 분리 · 배치하여 미술영역이 방해받지 않도록 해야 한다(오연주, 2013). 데커와 데커(1984)는 미술영역을 조용하고 물이 있는 곳으로 구분하고, 수시로 유아의 손이나 미술도구들을 씻으므로 쉽게 물을 공급받을 수 있도록 시설이 있어야 한다고 하였다(박정옥, 김수희, 2015).

미술영역은 바닥에 부분적인 비닐장판을 깔고, 색감을 잘 구별할 수 있는 밝은 공간에 구성하는 것이 좋다(김성원, 석은조, 신성숙, 신은정, 이춘옥, 2015).

미술활동은 기본 자료의 준비 여부에 따라 활동이 심화되고 확장된다. 미술활동에 필요한 재료와 도구들을 종류나 용도에 따라 구분 · 정돈할 수 있는 설비로서 자료 정리장, 폐품 정리장, 작품 건조대, 작품 보관장 및 전시대 등이 필요하다(오연주, 2013).

미술영역 환경 구성

미술활동을 위하여 〈표 6-6〉과 같은 기본교재 · 교구를 준비한다(교육과학기술부, 보건복지부, 2013; 오연주, 2013).

〈표 6-6〉 미술영역의 기본 교재 · 교구

| 구분 | 기본 교재 · 교구 |
|---|---|
| 종이류 | 도화지, 색종이, 색지, 골판지, 포장지 등 |
| 그리기 도구 | 크레파스, 색연필, 볼펜, 물감, 먹물, 붓, 사인펜, 매직, 핑거페인트 등 |
| 만들기 도구 | 가위, 풀, 테이프, 스테이플러, 펀치, 핑킹 가위 등 |
| 각종 자료 | 나뭇가지, 나무젓가락, 빨대, 실, 솜, 스펀지, 비누, 석고, 수수깡, 자연물 (예: 솔방울, 돌, 나뭇잎, 조개껍질, 깃털 등) |
| 여러 가지 재활용품 | 상자, 헝겊, 요구르트 병, 휴지말이 등 |
| 점토류 | 찰흙, 밀가루 점토, 유점포, 지점토 등 |
| 기본 교구 | 앞치마, 이젤, 작업 안내문, 교사용 비품(칼, 송곳, 본드 등), 작품 전시대, 전시테이블, 작품 게시판 등 |

자료 제공 시 유의해야 할 점은 〈표 6-7〉과 같다(박정옥, 김수희, 2015).

〈표 6-7〉 연령별 자료 제공 시 유의사항

| 연령 | 유의사항 |
|---|---|
| 3세 | • 다양한 자료보다 기본 자료를 자주 바꿔 준다.<br>• 손으로 잡기 편한 굵기의 크레파스를 제공한다.<br>• 오리기보다 손으로 찢어 붙이기 활동을 한다.<br>• 간단한 점토나 찰흙을 자르는 경험을 제공한다.<br>• 손가락 그림용 풀이나 밀가루 반죽을 제공한다. |
| 4세 | • 다양한 교재 · 교구(다양한 종이류 및 붙이는 도구)를 제공한다.<br>• 빳빳한 종이 띠나 색종이 오리기를 시도한다.<br>• 크레파스와 물감 등 색상을 점차 늘려 간다.<br>• 새로운 교재 · 교구인 경우 기능과 사용방법 및 주의사항, 규칙에 대해 자세히 설명한다. |
| 5세 | • 공동 작업에 필요한 교재 · 교구를 제공한다.<br>• 창의적 구성을 발달시키는 자료(점토류)를 준비한다.<br>• 활동 순서 카드를 제공한다.<br>• 재활용할 수 있는 재료를 분리하여 모은 후 미술활동에서 사용한다. |

미술영역 벽면 활용 작품 게시

(2) 교사의 역할 및 운영 시 유의점

아이젠버그와 잘롱고(Isenberg & Jalongo, 2000)는 미술 교육에 있어 안전하고 건강한 미술 환경의 제공, 적절한 미술 재료와 경험의 선정 및 제공 그리고 이에 대한 평가 세 가지를 결정적인 문제라고 보고, 교사는 이 부분에 있어서 핵심적 위치에 있다(심성경, 백영애, 이영희, 이효숙, 박지애, 박주희, 2013). 교사의 주된 역할은 인내심을 가지고 유아들을 격려하면서 창의력 계발을 위해 필요한 도구 및 재료의 특성이나 방법, 기법 등을 익히게 하고 효과적으로 활용할 수 있도록 돕는다(오연주, 2013).

유아 미술 교육에 있어서 바람직한 교사의 역할을 정리하면 다음과 같다(심성경 외, 2013).

- 교사는 유아의 성향, 흥미, 발달 수준 등을 고려한 미술활동 계획과 함께 각 미술활동별로 사전활동, 본활동, 확장활동 등 구체적인 계획안을 수립하고, 활동에 필요한 재료와 자료 등을 어떻게 사용할 것인지에 대해서 계획한다.
- 유아의 발달 수준과 흥미에 따라 알맞은 환경을 제공하고, 계획에 따른 적절한 미술 재료와 자료 준비 및 제공을 해 주는 역할을 수행한다.
- 유아의 미술활동에 관심을 보이고, 유아의 흥미와 동기유발 및 적절한 질문을 통해 문제해결을 지원한다. 유아가 안정된 분위기 속에서 유아의 생각과 느낌을 자유롭게 표현하도록 지속적으로 안내를 하고, 유아가 그린 그림과 만든 작품 등을 지속적이고 체계적으로 수집한 후 다양한 방법으로 평가를 한다.

미술활동 운영 시 유의점은 다음과 같다(교육과학기술부, 보건복지부, 2013).

- 교사는 결과물을 중요하게 여기기보다는 유아의 경험과정에 동참하면서 세심히 관찰하고 적절한 도움을 주되 유아가 주체적으로 활동할 수 있도록 한다.
- 미술영역에는 다양한 자료를 보관할 수 있는 자료 정리장을 구비하고, 유아가 손쉽게 자료를 꺼내어 활동할 수 있도록 배치한다. 또한 완성된 작품을 말릴 수 있는 설비도 준비한다.
- 미술영역에서 사용하는 물이나 물감 등이 바닥에 떨어질 경우, 유아가 미끄러지는 사고가 발생할 수 있으므로 유의한다.
- 책상 위나 바닥에 비닐 등을 깔아 보호하고 쉽게 청소할 수 있도록 한다.
- 제공하는 재료가 위생적이고 안전한지 점검한다.

유아의 작품은 소중히 다루고, 게시판이나 복도에 전시 공간을 마련하여 자주 전시한다. 유아의 작품은 유아의 눈높이에 맞추어 전시하되, 교사가 사용하는 교재 · 교구를 선반 위에 놓지 않도록 주의한다(오연주, 2013).

### (3) 관찰 및 기록

**활동 6-22** 미술영역의 환경을 관찰하고 평가해 보세요.

[관찰 기록 지침]

① 영역 배치 칸에는 미술영역의 교구장과 책걸상 배치를 자세히 그려 넣는다. 미술영역 좌우에 어떠한 영역이 배치되어 있는지 이름을 적는다.

② 미술 재료의 종류가 비치되어 있다면 유무 칸에 ○, ×로 표시하고, 비치된 미술 재료와 도구의 이름을 기록한다.

③ 미술영역 환경구성 평가는 평가내용을 충족하면 관찰결과 칸에 ✓ 표시한다.

| 관찰자 | | 관찰일시 | |
|---|---|---|---|
| 관찰기관 | | 관찰학급 | |
| 영역 배치 | | | |

| 관찰사항 | 관찰내용 | | |
|---|---|---|---|
| 교재·교구의 종류 | 종류 | 유무 | 비치 자료 |
| | 종이류 | | |
| | 그리기 도구 | | |
| | 만들기 도구 | | |
| | 각종 자료 | | |
| | 여러 가지 재활용품 | | |
| | 점토류 | | |
| | 기본 교구 | | |

| 관찰사항 | 기본 교구 | 관찰결과 |
|---|---|---|
| 미술영역 환경구성 평가 | 유아들이 편안히 활동할 수 있는 충분한 공간으로 구성되어 있다. | |
| | 미술영역이 수시로 쉽게 물을 공급받을 수 있도록 시설이 되어 있다. | |
| | 다양한 재료와 도구가 유아들이 직접 조작할 수 있도록 충분히 제공되어 있다. | |
| | 미술영역에 필요한 재료와 도구들이 종류나 용도에 따라 구분·정돈되어 있다. | |
| | 미술영역에 자료를 정리할 수 있는 정리장, 건조대, 보관장, 환경게시판이 있다. | |
| | 벽과 천정, 가구 등이 부드럽고 가벼운 자연색으로 칠해져 있다. | |
| | 유아의 작품이 눈높이에 맞춰 전시되어 있다. | |
| | 지속적이고 체계적으로 유아의 그림이나 만든 작품을 수집하고 있다. | |

**활동 6-23** 유아교육기관에서 미술영역에 참여하는 유아의 행동을 자세히 관찰하여 기록하세요.

[관찰 기록 지침]

① 관찰일, 관찰자를 먼저 기록한다.

② 미술영역에서 활동하는 유아 1명을 정하여 관찰대상을 기록한다.

③ 생활주제와 활동명을 기록한다.

④ 내용 칸에 미술영역에서 활동하는 장면을 기록한다.

| 관찰일 | | 관찰자 | |
|---|---|---|---|
| 관찰대상 | 반(만 세) | | 남/여 |
| 생활주제 | | 활동명 | |
| 내용 | | | |

(4) 요약 및 의미 찾기

유아교육기관에서의 미술 교육은 유아가 마음껏 탐색함으로써 자신의 자유로운 생각과 느낌을 능동적이고 적극적으로 표현해 볼 수 있는 다양하고 풍부한 환경이 제공되어야 한다(심성경 외, 2013).

**활동 6-24** 유아들이 미술영역에서 교사가 제시한 활동이나 유아 스스로 자유롭게 표현한 미술활동을 하고 난 후 미완성된 것이나 완성된 결과물이 어떻게 다루어지는지 기록해 보고 조별로 이야기해 보세요.

## 7) 음률영역

음률영역은 여러 가지 리듬악기를 주어 악기연주를 하거나 노래 부르기, 신체표현, 음악감상 등의 다양한 활동을 할 수 있는 영역이다. 유아가 이후에 좀 더 복잡한 음악과 리듬 표현에 기본이 되는 리듬을 즐길 수 있는 마음과 음악의 기본 기술을 시험하고 접할 수 있는 기회를 제공하는 영역이다(지성애, 2009).

음률영역에서의 놀이는 다음과 같은 교육적 가치를 갖는다(박찬옥, 정남미, 곽현주, 2013).

- 다양한 노래 부르기, 악기 다루기, 음악감상을 통해 청감각이 향상되며, 리듬감 · 박자감 · 심미감이 발달한다.
- 함께 노래 부르고 악기를 다룸으로써 사회적 관계를 증진시킨다.
- 생각이나 느낌을 자유롭게 표현하며 창의성이 발달한다.

### (1) 환경구성

프로스트(Frost)의 실내영역 공간 구분 기준에 따르면, 음률영역은 활동적이고 건조한 제2영역에 해당한다. 일반적으로 음률영역은 음악감상하기, 노래 부르기, 악기 다루기, 동작으로 표현하기를 모두 할 수 있는 영역이며, 감각적인 놀이에서 창의적인 놀이에 이르기까지 다양한 활동이 이루어진다. 유아는 준비된 기자재를 이용해서 음악을 듣고, 악기나 음악적 놀잇감 등을 흔들고 두드리고 치면서 다양한 감각적인 경험을 한다. 노래를 부르고 악기를 연주하며 음악에 맞추어 몸을 자유롭게 표현해 봄으로써 창의적인 사고와 표현의 기회를 갖는다(심성경 외, 2012).

음률영역은 쌓기놀이 영역이나 역할놀이 영역 가까이에 배치한다. 음악에 맞추어 신체를 자유롭게 움직일 수 있도록 넓은 공간을 확보해야 한다. 바닥은 마루이거나 카펫을 까는 것이 효율적이다. 악기장을 마련해 주고 악기 그림이나 악기의 윤곽을 그려서 붙여 주어 사용 후에 쉽게 정돈할 수 있도록 배려해야 한다(이기숙, 장영희, 정미라, 엄정애, 2014).

음률영역 환경 구성원리는 다음과 같다(심성경 외, 2012).

첫째, 하나의 독립된 공간으로 구성한다. 단순히 책상 위나 상자 속에 악기 몇 가지만을 나열해 두고 음률영역이라고 할 수 없다. 선반, 가리개, 교구장 등을 구비하여 다른 흥미영역과 분명한 경계를 둔다.

둘째, 자유로운 탐색과 다양한 활동전개를 위한 충분한 공간을 갖추어야 한다. 음률영역에서 유아는 노래를 부르고 악기를 연주할 뿐 아니라 음악에 맞추어 몸을 자유롭게 표현해 볼 수 있어야 하므로 충분한 공간이 필요하다.

셋째, 악기를 종류와 쓰임새에 따라 교구장이나 선반에 적절하게 배치한다. 오르간, 큰북과 같이 쉽게 움직이기 힘든 악기는 일정 장소에 배치하고, 샌드블록이나 캐스터네츠 등과 같은 작은 악기들은 상자나 바구니를 이용하여 배치한다.

넷째, 다양한 음악활동의 전개를 위한 교수 자료와 기자재를 배치한다. 음악테이프, 음악과 관련된 책, 음악을 듣고 몸을 움직일 수 있는 게임판, 인형, 얼굴 가면 등의 자료를 배치한다.

다섯째, 악기와 교수 자료, 기자재를 제자리에 정리할 수 있도록 표시한다. 교구장이나 선반 위에 악기 그림자 형태를 그려 놓아 제자리에 정리할 수 있도록 돕는다.

여섯째, 음악적인 분위기가 나도록 꾸민다. 예를 들면, 천장에 모빌을 달거나, 교구장 옆면을 활용하여 그림 악보 등을 붙인다. 벽면에는 악기 그림과 사진, 음악가의 사진, 음악 관련 포스터 등을 전시함으로써 음악적인 분위기를 연출할 수 있다.

일곱째, 카펫이나 가리개를 이용하여 최대한 소음을 줄인다. 악기를 두드리고 연주하는 등 다양한 탐색활동이 일어나기 때문에 바닥에는 카펫을 깔고 다른 영역과의 경계선에 가리개나 커튼을 치는 등의 방법으로 소음을 줄이도록 구성하는 것이 좋다.

여덟째, 다른 흥미영역과의 연관성을 살린 공간 구성을 한다. 일반적으로 음률영역은 활동적이고 시끄러운 영역이므로 쌓기영역이나 역할영역과 인접하여 구성하는 것이 좋다.

음률영역 활동 및 환경 구성

〈표 6-8〉 음률영역의 기본 교재 · 교구

| 구분 | 기본 교재 · 교구 |
|---|---|
| 리듬악기 | 리듬막대, 큰북, 작은북, 장구, 소고, 징, 꽹과리, 심벌즈, 탬버린, 트라이앵글, 캐스터네츠, 마라카스, 우드블록 등 |
| 가락악기 | 오르간, 피아노, 실로폰, 멜로디언, 리코더, 핸드벨 등 |
| 생활악기 | 냄비 뚜껑 등의 부엌 기구, 빈 병, 숟가락, 사포, 빨래판 등 |
| 동작활동 자료 | 여러 가지 색 보자기, 리본테이프, 한삼 등 |
| 기타 자료 | CD 플레이어, 음악 CD, 그림악보 |

### (2) 교사의 역할 및 운영 시 유의점

교사는 생활주제, 유아의 흥미 등을 고려하여 음률영역 환경을 구성하고 활동을 계획하는 역할을 해야 한다. 그리고 유아가 자신의 생각이나 느낌을 자유롭게 표현하고, 다양한 탐색과 시도를 할 수 있도록 허용적인 분위기를 조성해야 한다. 뿐만 아니라 유아의 활동을 면밀히 관찰하고 개입이 필요한 경우 적절하게 개입함으로써 문제해결을 돕는다. 필요에 따라 유아 놀이에 놀이 구성원으로 직접 참여하는 역할을 해야 하며, 유아가 한 놀이 계획에 따라 놀이가 진행되고 있는지, 놀이과정에서 어려운 점은 무엇인지 등을 평가하는 역할을 한다(이기숙 외, 2014).

현장에서의 자유선택활동 흥미영역 구성에서 음률영역은 설치 정도가 낮은 편으로 영역 구성의 우선순위에서 밀리는 경향이 있다(김명순, 이수경, 김현주, 2007). 또한 교사의 개입 빈도가 낮으며 유아의 참여 역시 낮다(황혜현, 2000). 그러므로 교사는 단순히 악기만을 배치해 주는 것으로 그칠 것이 아니라 유아의 흥미와 생활주제에 따라 우리나라 전통 악기나 다른 나라의 악기, 폐품으로 만든 악기 등 다양한 악기로 교체해 주어야 한다. 유아가 다룰 수 있는 일반 악기는 그다지 많지 않을 것이나 생활용품이나 폐품 등을 이용해서 유아가 직접 만들 수 있는 악기는 무궁무진할 것이다. 이와 같은 생활용품으로 만든 악기를 일반 악기와 함께 음악활동에 활용하도록 음률영역에 비치함으로써 유아의 음악성 발달과 음률영역에서의 참여를 촉진할 수 있다(강미희, 이민경, 2012). 또한 집단활동으로 새노래를 배우거나 음악감상을 한 후에는 활동 자료와 함께 노래나 음악을 녹음한 테이프를 비치해 주어 유아들이 자유롭게 활용하며 반복할 수 있도록 운영한다(박수미, 2008; 박혜경 외, 2009).

교사는 음률영역이 지나치게 시끄러운 영역이 되지 않도록 지도해야한다. 교실의 다른 영역에서 놀이하고 있는 유아들이 음률영역에서 놀이하고 있는 유아들을 흘겨보면서 "선생님! 시끄러워요."라고 불평하는 모습을 흔히 볼 수 있다. 벽면에 게시된 가사판의 악기 그림 표시를 보면서 노래를 부르면서 악기를 사용해 볼 수 있도록 유도하거나 노래를 녹음한 테이프를 음률영역에 제시해 주어 유아들이 노래를 들으면서 악기를 적절하게 사용해 볼 수 있도록 준비해 주는 것이 좋다(박혜경 외, 2009).

### (3) 관찰 및 기록

**활동 6-25** 음률영역의 환경을 관찰하고 평가해 보세요.

[관찰 기록 지침]

① 영역 배치 칸에는 음률영역의 교구장과 책걸상 배치를 자세히 그려 넣는다. 음률영역 좌우에 어떠한 영역이 배치되어 있는지 이름을 적는다.

② 악기의 종류는 해당 악기가 비치되어 있다면 유무 칸에 ○, ×로 표시하고, 비치된 악기의 이름을 기록한다.

③ 음률영역 환경구성 평가는 평가내용을 충족하면 관찰결과 칸에 ✓ 표시한다.

<table>
<tr><td>관찰자</td><td colspan="2"></td><td>관찰일시</td><td></td></tr>
<tr><td>관찰기관</td><td colspan="2"></td><td>관찰학급</td><td></td></tr>
<tr><td>영역 배치</td><td colspan="4"></td></tr>
<tr><td>관찰 사항</td><td colspan="4">관찰내용</td></tr>
<tr><td rowspan="6">교재·<br>교구의 종류</td><td>종류</td><td>유무</td><td colspan="2">비치 자료</td></tr>
<tr><td>리듬악기</td><td></td><td colspan="2"></td></tr>
<tr><td>가락악기</td><td></td><td colspan="2"></td></tr>
<tr><td>생활악기</td><td></td><td colspan="2"></td></tr>
<tr><td>동작활동자료</td><td></td><td colspan="2"></td></tr>
<tr><td>기타자료</td><td></td><td colspan="2"></td></tr>
<tr><td rowspan="9">음률영역<br>환경구성<br>평가</td><td colspan="3">평가내용</td><td>관찰결과</td></tr>
<tr><td colspan="3">음률영역이 하나의 독립된 공간으로 구성되어 있다.</td><td></td></tr>
<tr><td colspan="3">동작 활동을 위해 넉넉한 공간을 갖추고 있다.</td><td></td></tr>
<tr><td colspan="3">악기를 교구장이나 선반에 적절히 배치하였다.</td><td></td></tr>
<tr><td colspan="3">다양한 음악활동 전개를 위한 교수 자료와 기자재를 배치하였다(리본 테이프, 얼굴 가면, CD 플레이어 등).</td><td></td></tr>
<tr><td colspan="3">악기와 교수 자료 등을 제자리에 정리할 수 있도록 표시하였다.</td><td></td></tr>
<tr><td colspan="3">천정, 벽면, 교구장 옆면 등을 이용하여 음악적인 분위기를 만들었다.</td><td></td></tr>
<tr><td colspan="3">카펫이나 가리개를 이용하여 소음을 줄이도록 하였다.</td><td></td></tr>
<tr><td colspan="3">인접 영역의 특성을 고려하여 배치하였다.</td><td></td></tr>
</table>

**활동 6-26** 유아의 음률영역 활동을 약 5분 동안 관찰하고 기록해 보세요.

[관찰 기록 지침]

① 관찰자, 일시, 학급, 대상을 기록한다.

② 음률영역에서 활동하는 유아 1명을 정한다.

③ 유아의 행동을 10초 관찰하고 5초 기록한다.

④ 기록하는 방법은 해당하는 칸에 빗금을 친다. 예를 들어, 유아가 혼자 악기를 두드렸다면 '혼자/악기 다루기' 칸에 표시한다.

⑤ 관찰 기록지에 없는 활동이 관찰된다면 관찰자가 추가로 기록할 수 있다.

| 관찰자 | | | 관찰일시 | |
|---|---|---|---|---|
| 관찰학급 | | | 관찰대상 | (남/여) |
| 상호작용 대상 / 활동 | 혼자 | 또래와 | 교사와 | (또래+교사)와 |
| 노래 부르기 | | | | |
| 악기 다루기 | | | | |
| 음악감상 | | | | |
| 신체표현 | | | | |
| 다른 유아 보기 | | | | |
| | | | | |
| | | | | |
| | | | | |
| | | | | |

(4) 요약 및 의미 찾기

음률영역은 유아가 몰입하여 긴 시간 동안 활동하도록 운영하는 데 어려움이 있는 영역으로, 생활주제를 고려한 교사의 세심한 흥미영역 운영 계획이 필요하다.

**활동 6-27** 음률영역 유아 활동 관찰결과를 활용해 보세요.

[관찰 결과 활용지침]

① 관찰기록을 마친 후, 교실에서 〈활동 6-26〉의 관찰 결과의 체크 표시를 세어 다음 표에 숫자로 적는다.

② 관찰대상 유아의 혼자놀이 비율이 얼마인지 계산한다.
- 계산방식: {a÷(a+b+c+d)} × 100

③ 전체 활동 중 악기다루기의 비율은 얼마인가?
- 계산방식: {나÷(가+나+다+라)} × 100

④ 학급 동료들의 관찰 결과와 비교할 때 유아의 일반적인 활동 경향은 어떠한지 분석한다.
- 가장 많은 혹은 가장 적은 비율의 활동 유형은 무엇이었나?
- 음률영역에서 유아의 상호작용 정도는 어떠하였나?

⑤ 이상의 분석결과를 기초로 교육적 시사점이 무엇인지 토론한다.

| 상호작용 대상 / 활동 | 혼자 | 또래와 | 교사와 | (또래+교사)와 | 합계 |
|---|---|---|---|---|---|
| 노래부르기 | | | | | 가 |
| 악기다루기 | | | | | 나 |
| 음악 감상 | | | | | 다 |
| 신체표현 | | | | | 라 |
| 다른 유아 보기 | | | | | 마 |
| | | | | | |
| | | | | | |
| | | | | | |
| 합계 | a | b | c | d | |

# 3. 실외자유선택활동

## 1) 실외자유선택활동의 교육적 의의

### (1) 실외자유선택활동의 정의

실외자유선택활동은 교실 '밖'의 공간에서 이루어지는 자발적인 놀이활동(김정민, 2014 재인용)으로 실외에서 이루어지는 모든 놀이를 말한다(교육과학기술부, 2009b). 또는 영유아들이 활발하게 움직이고 탐색하며 제한된 실내에서는 경험하기 어려운 여러 가지 놀이를 할 수 있는 것으로 바깥놀이라고도 한다(이기숙 외, 2009). 영유아들은 실외놀이를 통해 자신이 속한 환경을 보다 흥미롭고 도전적이며 즐거운 요소로 인식할 수 있고, 주변 세계에 대한 폭넓은 이해를 할 수 있다. 실외놀이 환경은 보다 덜 구조적이고 활발한 신체활동 및 자연과의 상호작용을 통하여 영유아들의 긴장과 억압을 해소하고 다양한 대·소근육 활동과 휴식을 제공하는 필수적인 공간이 된다(김수영, 김수임, 정정희, 2012). 때문에 실내자유선택활동과 마찬가지로 실외자유선택활동에서도 놀이공간을 흥미영역으로 구성해 주어야 한다. 공간이 허락된다면 운동놀이 영역, 물·모래놀이 영역, 동·식물 관찰하기 및 책읽기·음률·조형·역할놀이 등을 할 수 있는 영역, 자전거 타는 영역, 놀잇감을 정리 및 보관하는 영역으로 구분하면 좋다(교육과학기술부, 2009b).

### (2) 실외자유선택활동의 교육적 의의

실외자유선택활동은 다음과 같은 교육적 의의를 지닌다(김정민, 2014).

첫째, 넓은 장소와 자유로운 움직임은 영유아의 신체발달을 돕는다. 실내에서는 경험하기 어려운 달리기, 뛰기, 오르기 등과 같은 대근육을 활용한 신체활동은 영유아의 운동기술, 신체조절 능력, 대근육 발달 및 전신의 협응에 도움을 준다. 특히 영유아들이 실외놀이를 통해 자연과 친밀해지는 과정은 건강한 신체 발달에 필요한 영양소를 만들고 건강함을 유지하는 데 도움을 준다.

둘째, 실외에서 접하는 자연물, 모래, 물과 같이 정형화되지 않은 놀이 재료는 영유아의 창의성과 인지 발달에 영향을 미친다. 즉, 비정형화되고 매일 변화하는 환경과 재료는 영유아들의 상상력을 자극하여 가작화를 풍성하게 하고 다양한 놀이를 창안하게 됨으로써 탐색과 조작이 활발해지고 끊임없이 문제를 해결해야 하는 상황과 마주하게 된다. 이렇게 예기치 못한 상황 속에서 문제를 해결하고 실내와는 다른 독창적인 놀이경험을 통해 창의성이 발달하고, 또한 오감을 자극하고 물리적 지식을 구체화하게 되며 다양한 수학적 경험을 통해 인지발달이 촉진되는 것이다.

셋째, 실외자유선택활동에서 경험하는 자유로움은 유아의 정서적 발달에 도움을 준다. 실내놀이에서의 긴장과 억압, 부정적 욕구(분노, 갈등, 불안) 등을 실외에서 자연을 보고 뛰고 달리고 소리 지르며 해방감과 만족감을 경험하게 되고, 부정적인 욕구를 긍정적인 방법으로 해소하게 되면서 즐거움을 느낀다.

넷째, 유아들은 실외자유선택활동을 통해 다양하고 적극적인 사회적 관계를 맺는다. 실외자유선택활동은 공간과 인원의 제한이 적기 때문에 실내자유선택활동에서는 함께 놀이하기 어려웠던 친구를 만나게 되고, 집단의 크기가 커지고 집단놀이나 협동적 놀이가 더 빈번히 일어난다. 남아와 여아의 구분 없이 함께 놀이하는 경우가 많기 때문에 실내자유선택활동에 비해 집단을 구성하는 구성원이 다양해지면서 의견을 협의하고 조율하는 기회가 많아진다. 때문에 교사에 대한 의존도가 낮아져 또래끼리 활발한 의사소통이 일어나며, 또래관계에서 다양한 친사회적 행동을 더 쉽게 습득하게 된다.

다섯째, 실외자유선택활동은 영유아들에게 자신의 신체적 능력을 인식하게 함으로써 위험에 대한 대처능력을 향상시킨다. 실외자유선택활동 공간이 영유아의 발달에 적합하고 안전하게 설계되어 있고 교사의 보호와 적절한 지도가 이루어진다고 하여도 신체적으로 개인차가 큰 영유아들에게 언제나 안전하다고 볼 수는 없다. 다양한 놀이를 창안하고 신체적 도전을 끊임없이 시도하는 영유아들은 구체적인 놀이경험을 통해 각자의 방식대로 도전하면서 자신에게 위험한 수준을 인지하여 스스로 조절할 수 있게 된다.

**여기서 잠깐!** 실외자유선택활동에 대한 자신의 은유를 기술해 보세요.

- 유아의 실외자유선택활동은 ______________ 이다.
  왜냐하면 ____________________________________________ 이기 때문이다.
- 실외자유선택활동시간에 교사는 ______________ 이다.
  왜냐하면 ____________________________________________ 이기 때문이다.

## 2) 실외자유선택활동의 구성원리

실외자유선택활동은 신체적 활동과 더불어 자연을 탐색하고 또래들과 함께 놀이를 하면서 긴장감을 해소하고 사회성을 기를 수 있다. 특히 실내놀이보다 또래들과의 상호작용이 적극적으로 활성화됨으로써 사회적 기술과 인지 발달에 도움을 준다(양옥승, 나은숙, 신은미, 조유나, 황혜경, 2015). 또 유아에게 흥미롭고 다양한 놀이의 기회를 제공함으로써 유아의 창의성을 향상시키고, 성장 · 발달에 도움을 줄 수 있다(최석란, 이경희, 이상화, 서원경, 2006).

### (1) 환경구성

실외환경의 영역은, 교육과학기술부(2012b)에 의하면, 운동놀이 영역, 물놀이 · 모래 영역, 자연탐구 및 관찰 영역, 작업영역, 휴식영역 및 놀잇감을 보관하는 보관 창고 등으로 구성되며, 외부로부터 유아들을 보호할 수 있는 울타리와 담장으로 둘러싸고, 전체적인 실외자유선택활동을 잘 관리할 수 있도록 구성되어야 한다(김수향, 이경하, 이용주, 임영심, 2015).

#### ① 운동놀이 영역

대근육 운동능력을 기르고 기구를 이용하는 방법을 익힐 수 있는 영역으로 오르기, 매달리기, 구르기, 달리기 등 다양한 운동놀이를 할 수 있다. 다른 영역보다 많은 공간을 차지하므로 다른 영역과의 조화를 이루며 조용한 영역과 떨어진 곳으로 배치한다.

| 구분 | 놀잇감 및 교재 · 교구 |
|---|---|
| 놀이기구 | 크기가 다른 공, 굴렁쇠, 후프, 줄넘기, 제기, 고무줄 등 |
| 운동놀이 기구 | 그네, 평균대, 뜀틀, 매트 등 |
| 복합 놀이시설 | 시소, 미끄럼틀, 그네, 정글짐, 그물망, 오름판, 흔들다리 등 |

출처: 교육과학기술부, 보건복지부(2013), p. 193.

② 물 · 모래놀이 영역

햇볕과 그늘이 함께 있는 공간에 배치하고, 수도 시설이 가까우며 배수가 잘 되는 곳이 적합하다. 모래놀이 영역과 가까운 그늘이 있는 곳에 다양한 형태의 구조물, 놀이집, 테이블, 소품 등을 마련한다.

| 구분 | 놀잇감 및 교재 · 교구 |
|---|---|
| 모래놀이를 위한 자료 | 모래놀이용 기구(예: 다양한 크기와 모양의 그릇과 통, 흙 파기 도구), 모형 자동차(예: 포크레인, 지게차, 트럭 등), 모래놀이 테이블 |
| 물놀이를 위한 자료 | 물놀이 기구(예: 다양한 크기의 그릇, 호스, 물뿌리개 등) |
| 기타 자료 | 측정도구, 자연물(예: 돌멩이, 나뭇가지, 조개껍데기, 열매 등), 정리함, 청소도구, 극화놀이로 확장할 수 있는 다양한 소품 등 |

출처: 교육과학기술부, 보건복지부(2013), p. 195.

③ 자연탐구 및 관찰 영역

이 영역은 식물 기르기와 동물 기르기 영역으로 구성할 수 있다. 식물 기르기 영역은 유아가 직접 씨를 뿌리고 재배 및 수확하는 과정을 통해 식물의 성장과정과 변화를 관찰하고 이해하도록 한다. 동물 기르기 영역은 햇빛이 잘 들고 바람이 잘 통하며, 배수가 잘 되는 장소에 배치한다. 또한 물이나 사료 공급이 쉬운 곳에 설치하여 유아가 직접 동물에게 먹이를 주고 관찰하도록 한다.

| 구분 | 놀잇감 및 교재 · 교구 |
|---|---|
| 자연세계 탐색 도구 | 관찰도구(예: 돋보기, 관찰 기록지, 쓰기도구, 곤충채집통), 카메라, 백과사전, 물주기 도구, 크고 작은 화분, 모종삽 등 |
| | 상추, 배추, 무, 고추, 토마토, 가지, 감자, 고구마 등 |
| | 토끼, 닭, 새 등 |

출처: 교육과학기술부, 보건복지부(2013), p. 197.

④ 작업영역

작업영역은 바깥에서 접할 수 있는 다양한 환경의 특성을 통해 다양한 주제와 활동으로 놀이를 확장하도록 한다. 물감으로 그림 그리기, 큰 블록 쌓기, 목공놀이, 점토놀이 등으로 이루어진다.

| 구분 | 놀잇감 및 교재 · 교구 |
|---|---|
| 작업용 자료 | 핑거 페인팅, 점토, 물감 그림을 할 수 있는 이젤, 종이, 그림물감, 다양한 굵기의 붓, 그리기 도구, 목공도구, 비닐 옷, 종이 상자, 나무 상자, 점토류, 밀가루 반죽, 톱밥, 나무젓가락, 빨대, 고무 밴드, 스티로폼, 모루, 스펀지, 수수깡, 자연물(솔방울, 도토리, 돌멩이, 낙엽) 등 |
| 각종 도구류 | 나무망치, 다양한 그릇, 자, 장갑, 밀기막대 등 |

출처: 교육과학기술부, 보건복지부(2013), p. 198.

⑤ 휴식영역

유아들이 동적 활동 후 휴식을 취하거나 다른 유아들이 놀고 있는 모습을 보며 편안히 시간을 보낼 수 있는 영역이다. 다양한 종류의 나무 그늘이나 정자, 지붕이 있는 테라스를 설치하거나 텐트나 비치파라솔 등을 활용하여 그늘을 마련한다.

| 놀잇감 및 교재·교구 |
|---|
| 의자나 벤치, 돗자리를 깔아 주어 편안한 영역으로 구성하고 편안한 활동을 할 수 있도록 책이나 조작 놀잇감, 조용한 음악을 들을 수 있도록 음악 CD와 CD 플레이어, 이어폰 등 |

출처: 교육과학기술부, 보건복지부(2013), p. 199.

⑥ 보관 창고

실외자유선택활동에서 사용할 기구를 정리하고 보관하기 위한 곳으로 놀이기구의 적절한 사용과 보관을 위해 필요하다. 여러 가지 놀이 기구를 정리할 수 있는 선반을 설치하면 좋다.

### (2) 교사의 역할 및 운영 시 유의점

유아들은 실외자유선택활동에 있어서 어떻게 놀이를 해야 하는지 잘 모르는 경우가 종종 있다. 교사는 유아들이 계속적으로 놀이에 집중하도록 도와줄 필요가 있고, 유아들의 놀이를 격려하고 지지하기 위한 놀이 환경을 조성한다. 그리고 유아들이 놀이가 중요하고 활동이 가치 있는지에 대해 계속적으로 격려하며, 유아들과 함께 놀이를 함으로써 역할 모델을 제공한다. 특히, 또래 간의 적절한 상호작용을 할 수 있도록 하고, 유아들이 새롭고 더 복잡한 놀이의 가능성을 열 수 있도록 놀이활동에 비계설정해 주면 새로운 단어나 언어적 표현 기술이 증가된다(채영란, 박유영, 박희숙, 신금호, 이은희, 조은정, 2015). 또한 항상 전체 놀이영역에서 어떤 활동이 어떻게 이루어지고 있는가를 파악하여, 모든 위험과 사고가 예방될 수 있도록 해야 한다.

실외자유선택활동 운영 시 유의점은 다음과 같다(교육과학기술부, 2009).

- 실외공간의 1/3 정도는 정적 활동 영역으로 구성하고, 나머지 공간은 동적 활동 영역으로 구성할 수 있다.
- 실외자유놀이는 특정 시간대에 이루어지는 것보다 다양한 시간대에 이루어지는 것이 바람직하므로 일과운영과 계절의 특성을 고려하여 융통성 있게 배치하여 날씨로 인해 실외자유놀이가 소홀해지지 않도록 배려한다.
- 실외놀이터는 사용 규칙을 정해 공동으로 사용하는 과정에서 학급 간에 혼란이나 불편이 생기지 않도록 유의한다.
- 신체운동을 위한 1일 1시간 이상의 바깥놀이(대근육 활동 포함) 시간을 반드시 확보하여 충분한 활동을 제공한다(제주특별자치도교육청, 2015).

### (3) 관찰 및 기록

**활동 6-28** 실외자유선택활동 영역의 환경을 관찰하고 평가해 보세요.

[관찰 기록 지침]

① 관찰자, 관찰일시, 관찰기관, 관찰학급을 먼저 기록한다.

② 교재 · 교구의 종류는 해당 놀잇감과 자료 및 재료가 비치되어 있다면 유무 칸에 ○, ×로 표시하고, 비고란에는 비치된 교구의 이름을 기록한다.

③ 실외영역 환경구성 평가는 평가 내용을 충족하면 관찰결과 칸에 ✓ 표시한다.

<table>
<tr><td>관찰자</td><td colspan="2"></td><td>관찰일시</td><td></td></tr>
<tr><td>관찰기관</td><td colspan="2"></td><td>관찰학급</td><td></td></tr>
<tr><td>관찰 사항</td><td colspan="4">관찰내용</td></tr>
<tr><td rowspan="7">교재 · 교구의 종류</td><td>종류</td><td>유무</td><td colspan="2">비치 자료</td></tr>
<tr><td>운동놀이</td><td></td><td colspan="2"></td></tr>
<tr><td>물 · 모래놀이</td><td></td><td colspan="2"></td></tr>
<tr><td>자연탐구 및 관찰</td><td></td><td colspan="2"></td></tr>
<tr><td>작업</td><td></td><td colspan="2"></td></tr>
<tr><td>휴식</td><td></td><td colspan="2"></td></tr>
<tr><td>보관 창고</td><td></td><td colspan="2"></td></tr>
<tr><td rowspan="9">실외영역 환경구성 평가</td><td colspan="3">평가내용</td><td>관찰결과</td></tr>
<tr><td colspan="3">신체운동을 위한 1일 1시간 이상의 바깥놀이(대근육 활동 포함) 시간을 반드시 확보하여 충분한 활동을 제공하고 있다.</td><td></td></tr>
<tr><td colspan="3">동적 영역과 정적 영역으로 구성되어 있다.</td><td></td></tr>
<tr><td colspan="3">휴식을 위해 그늘이 있는 조용한 공간을 갖추고 있다.</td><td></td></tr>
<tr><td colspan="3">각 영역에 사용할 놀잇감과 자료 및 재료가 잘 준비되어 있다.</td><td></td></tr>
<tr><td colspan="3">동식물을 기르고 관찰할 수 있는 공간을 갖추고 있다.</td><td></td></tr>
<tr><td colspan="3">실외놀이터 이용 시 사용 규칙이 있다.</td><td></td></tr>
<tr><td colspan="3">실외놀이 기구를 정리하고 보관하는 창고가 따로 구비되어 있다.</td><td></td></tr>
<tr><td colspan="3">실외놀이 활동 공간에 정기적으로 안전검사를 실시하고 있다.</td><td></td></tr>
</table>

**활동 6-29** 3~5세 연령별로 각 학급에서 실외자유선택활동 운영시간이 어떻게 이루어지고 있고, 실외자유선택활동 시 유아들은 어떤 활동을 하는지 기록해 보세요.

- ______ 반(만 ______ 세) 실외자유선택활동 운영시간은 ______ 시간(분) 이루어지고 있다.

- 실외자유선택활동 시 유아들은 어떤 활동을 하는지 기록하세요.

## (4) 요약 및 의미 찾기

**활동 6-30** 실외자유선택활동에서 관찰한 내용을 기록해 보세요.

| 관찰학급 | 반(만 세) | 관찰일 | |
|---|---|---|---|
| 생활주제 | | 놀이시간 | |

• 실외자유선택활동에서 유아들은 어떤 놀이를 선호하는가?

• 교사는 실외자유선택활동에서 어떤 지원(역할)을 하는가?

| 실내놀이와 연결된 놀이 | 생활주제와 관련하여 교사가 계획한 놀이 |
|---|---|
| | |

# 참고문헌

강미희, 이민경(2012). 생활용품으로 만든 악기의 음악활동 활용 및 음률영역 비치가 유아의 음악성 발달과 음률영역 참여도에 미치는 영향. **열린유아교육연구**, 16(6), 69-92.

교육과학기술부(2008). 유치원 교육과정 해설 I 총론.

교육과학기술부(2009). 유치원지도서 1 총론.

교육과학기술부(2012a). 3~5세 연령별 누리과정 총론.

교육과학기술부(2012b). 3~5세 연령별 누리과정 해설서.

교육과학기술부, 보건복지부(2013). 3~5세 연령별 누리과정: 교사용 지침서. 서울: (사)한국시각장애인연합회

교육부(2015). 3~5세 연령별 누리과정.

교육부, 보건복지부(2015). 3~5세 연령별 누리과정 교사용 지침서.

교육인적자원부(2001). 유치원교사 교육 프로그램.

곽향림(2012). 구성주의 교실에서 진정한 자유선택활동을 위한 유아들의 노력. **유아교육학논집**, 16(1), 401-424.

구광현(2015). **교육연구방법**. 서울: 동문사.

김명순, 이수경, 김현주(2007). 국가수준 유치원 교육과정 표현생활영역의 이론적 정립을 위한 탐색 연구. **유아교육연구**, 27(1), 123-142.

김명희, 이종현, 고은님(2007). **영유아 교수학습방법론**. 경기: 양서원.

김석우, 최태진(2007). **교육연구방법론**. 서울: 학지사.

김성원, 석은조, 신성숙, 신은정, 이춘옥(2015). **유아교육개론**. 경기: 공동체.

김송이, 정지나, 최혜영, 민성혜(2012). **영유아 관찰 및 실습**. 경기: 양서원.

김수영, 김수임, 정정희(2012). **놀이지도**. 경기: 양서원.

김수정, 홍용희(2002). 유치원 자유선택활동시간의 교사 역할 및 역할수행의 갈등. **교육인류학연구**, 7(2), 1-17.

김수향, 이경하, 이용주, 임영심(2015). **유아교육개론**. 경기: 공동체.

김순자(2011). 유아주도와 교사주도의 요리활동 전개방법이 유아의 과학적 개념에 미치는 영향. 덕성여자대학교 교육대학원 석사학위논문.

김영옥, 오숙현, 임영숙, 정경자(2010). 유아교육기관의 환경구성. 경기: 공동체.

김유정, 유은석, 하정희(2011). 영유아교육기관의 실습지도. 경기: 공동체.

김은심, 서동미, 엄은나, 이경민, 강정원, 김정미(2013). 유아교사를 위한 교직실무. 서울: 학지사.

김이영, 김태인, 김현정, 송명숙, 이지민, 한석실(2015). 아동관찰 및 행동연구. 서울: 정민사.

김정민(2014). 유아교육기관의 실외놀이 활성화를 위한 협력적 실행연구. 중앙대학교 대학원 석사학위논문.

김지은(2014). 영유아 행동관찰의 이해. 서울: 정민사.

김지현(2016). 만 4세 교실의 과학영역의 활성화. 제주한라대학교 전공심화과정 현장연구세미나 수업 보고서.

김진영, 백혜리, 최윤정(2009). 유아를 위한 교수-학습방법. 경기: 양서원.

김진영, 엄정애, 이승연(2007). 유아교사를 위한 유아음악교육. 경기: 양서원.

김현주(2010). 유아교육기관 일과운영에서 전이의 내용과 의미. 전남대학교 대학원 박사학위논문.

김희진, 박은혜, 이지현(2011). 영유아교육기관에서의 관찰. 서울: 창지사.

문희연(2002). 흥미영역에 대한 유아의 선호 연구. 중앙대학교 교육대학원 석사학위논문.

박수미(2008). 멘토링 과정에서 나타난 유아교사의 음악교수 변화 탐색. 중앙대학교 대학원 박사학위논문.

박수미(2014). 유치원 음률영역 활성화를 위한 협력적 실행연구과정에서 나타난 교사와 유아의 변화 탐색. 한국영유아보육학, 9(1), 63-92.

박정옥, 김수희(2015). 유아미술교육. 경기: 양서원.

박찬옥(2008). 유아놀이지도. 제주: 제주도교육청.

박찬옥, 서동미, 곽현주(2015). 유아 교과교육론. 서울: 정민사.

박찬옥, 정남미, 곽현주(2013). 놀이지도. 서울: 정민사.

박찬옥, 정남미, 임경애(2004). 유아놀이지도. 서울: 학문사.

박혜경, 방은정, 심은희, 원계선, 윤복희, 장영미, 조인경, 최일선(2009). 유아교과교육론. 서울: 교육아카데미.

부성숙(2010). 자녀에게 부여하는 일상생활 규칙에 대한 어머니의 개념과 유아의 규칙 순응성 및 기질과의 관계. 유아교육연구, 30(5), 219-239.

성태제(1998). 교육연구방법의 이해. 서울: 학지사.

성태제, 시기자(2006). 연구방법론. 서울: 학지사.

송인섭, 강갑원, 이경화(2009). 아동연구방법. 서울: 동문사.

신혜원(2014). 영유아교사를 위한 부적응 행동 지도. 경기: 양서원.

신화식, 윤선희, 최경숙, 정은주, 오은순, 이성희, 황현주, 박혜미, 고은님, 박희숙(2015). 영유아교과교육론. 경기: 양서원.

심성경, 백영애, 이영희, 함은숙, 변길희, 김나림, 박지애(2010). 놀이지도. 경기: 공동체.

심성경, 백영애, 이영희, 이효숙, 박지애, 박주희(2013). 유아미술교육. 경기: 공동체.

심성경, 이선경, 김경의, 이효숙, 김나림, 허은주(2010). 유아문학의 이론과 실제. 서울: 학지사.

심성경, 이희자, 이선경, 김경의, 이효숙, 박주희(2012). 유아음악교육. 경기: 양서원.

심성경, 함은숙(2015). 유아교육기관 현장관찰 및 평가. 경기: 공동체.

심정아(2014). 수학개념이 포함된 전이활동이 유아의 수학적 능력과 수학적 태도에 미치는 영향. 이화여자대학교 교육대학원 석사학위논문.

안선희, 문혁준, 김양은, 김영심, 안효진, 이경옥(2013). 아동관찰 및 행동연구. 서울: 창지사.

양옥승(2002). 유아교육과정의 재개념화: 포스트모더니즘적 관점에서 유치원의 자유놀이에 대한 이해. 교육과정연구, 20(1), 53-73.

양옥승(2004). 자유선택활동에서 유아의 선택의 의미. 유아교육연구, 23(3), 131-152.

양옥승, 나은숙(2005). 물리적 환경구성과 유아의 자유선택활동의 의미에 관한 질적 연구. 열린유아교육연구, 10(1), 21-40.

양옥승, 나은숙, 신은미, 조유나, 황혜경(2005). 유아교육개론. 서울: 정민사.

엄정애(2009). 영유아 놀이와 교육. 서울: 교문사.

오연주(2013). 영유아 미술교육. 서울: 창지사.

우수경, 김현자, 신선희, 유영의, 김호, 김현정(2102). 유아교육개론. 서울: 학지사.

우수경, 채미영, 최미화, 남옥자, 고정리, 유영의, 강민정, 이정미, 김호, 임진형(2009). 유아교과교육론. 서울: 창지사.

원계선(2007). 통합교육환경에서 문학적 접근이 유아의 사회성에 미치는 영향. 단국대학교 대학원 박사학위논문.

원계선, 김수진, 오아름(2015). 2세 학급 준서의 공격적인 문제행동 지도 실행연구. 한국보육지원학회지, 11(1), 29.

유정선(2001). 수업사례분석을 통해서 본 유아교사의 문제해결능력. 이화여자대학교 대학원 석사학위논문.

유효순, 조정숙(2004). 놀이이론과 실제. 서울: 한국방송통신대학교출판부.

유혜령(2002). 유아 교육이론 해체하기. 서울: 창지사.

윤희경, 김애옥, 나은숙, 이분려, 황혜경(2015). 유아교수·학습방법. 서울: 창지사.

윤희경, 임미혜, 김애옥, 이분려, 장미아, 고영희(2009). 현장중심 유아교수-학습 방법. 서울: 창지사.

이경미, 박미경, 함혜정(2011). 자유선택활동 바로알기. 서울: 창지사.

이경우, 홍혜경, 신은수, 진명희(2003). 유아수학교육의 이론과 실제. 서울: 창지사.

이기숙(2000). 유아교육과정. 서울: 교문사.

이기숙, 장영희, 정미라, 엄정애(2009). 유아교육개론. 경기: 양서원.

이소은, 이순형(2014). 영유아 프로그램 개발과 평가. 서울: 한국방송통신대학교출판문화원.

이숙재(2004). 유아를 위한 놀이의 이론과 실제. 서울: 창지사.

이영자, 이기숙, 이정욱(2009). 유아 교수·학습 방법. 서울: 창지사.

이예솔(2015). 전이시간을 활용한 이름글자 활동이 만 4세 유아의 음운 인식능력과 읽기발달에 미치는 영향. 이화여자대학교 교육대학원 석사학위논문.

이유나(2006). 국내 PR학 분야의 사례연구방법 적용에 대한 고찰. 홍보학연구, 10(2), 38-60.

이은해(1985). 아동연구방법. 서울: 교문사.

이은해, 이미리, 박소연(2006). 아동연구방법의 이해. 서울: 학지사.

이은화, 이정환, 이경우, 이기숙, 홍용희, 박은혜, 김희진(2001). 유아교육개론. 서울: 이화여자대학교출판부.

장혜순, 박명숙, 최윤정, 손수민(2011). 예비유아교사를 위한 현장 참여 및 관찰의 이론과 실제. 경기: 공동체.

정연희(2003). 요리활동을 통한 유아과학교육의 실제: 구성주의 이론에 기초한 과학교수방법을 중심으로. 경기: 공동체.

정효은(2009). 탐구-표상 중심 유아과학교육 프로그램 개발 및 효과. 전남대학교 대학원 박사학위논문.

정현주(2008). 자유선택활동시간의 과학실험활동이 유아의 과학적 탐구능력에 미치는 영향. 배재대학교대학원 석사학위논문.

제주특별자치도교육청(2015). 제주특별자치도 유치원 교육과정 편성·운영 지침.

조윤경, 김경혜(2010). 아동관찰 및 행동연구. 경기: 공동체.

지성애(2009). 유아놀이지도. 서울: 정민사.

채영란, 박유영, 박희숙, 신금호, 이은희, 조은정(2015). 유아교육개론. 경기: 정민사.

최석란, 이경희, 이상화, 서원경(2006). 놀이지도. 경기: 공동체.

최연철(2012). 또래관계 분석방법 비교: 또래지명법, 또래평정법과 사회연결망분석을 중심으로. 유아교육학논집, 16(3), 291-317.

하정연, 좌승화, 조채영(2008). **유아놀이지도**. 경기: 공동체.

한국보육진흥원(2015). 어린이집 평가인증 안내.

한유미(2010). **유아수학교육**. 서울: 창지사.

한은미(2015). 유아 주도의 바깥 자유놀이에 관한 사례 연구. 전남대학교 교육대학원 석사학위논문.

현은자, 최경(2010). 유아의 통합적 창의성 증진을 위한 창의극 프로그램의 개발 및 효과. **유아교육연구**, 30(5), 27-52.

홍용희, 노경주, 심종희(2000). **질적 사례 연구**. 서울: 창지사.

황해익(2012). **아동연구방법**. 서울: 정민사.

황해익, 송연숙, 정혜영(2010). **유아행동관찰법**. 서울: 창지사.

황해익, 송연숙, 정혜영, 유수경(2013). **영유아행동관찰법**. 서울: 창지사.

황해익, 송연숙, 최혜진, 정혜영, 이경철, 민순영, 박순호, 손원경(2001). **유아교육기관에서의 포트폴리오 평가**. 서울: 창지사.

황해익, 최혜진, 정혜영, 권유선(2014). **아동관찰 및 행동연구**. 경기: 공동체.

황혜현(2000). 유치원 자유선택활동 시간에 교사의 흥미영역별 개입빈도 및 유형. 이화여자대학교 교육대학원 석사학위논문.

Berk, L. E. (2008). *Infants and children* (6th ed.). NY: Pearson.

Cheeseman, S. (2012). Observing children. *National Quality Standard Professional Learning Program, 39*, 1-4.

Creswell, J. W. (2014). **질적연구방법론**(조홍식, 정선욱, 김진숙, 권지성 공역). 서울: 학지사. (원저는 2007년 출간).

Cutler, A. (2004). Methodical failure: the use of case study method by public relations researchers. *Public Relations Review, 30*(3), 65-375.

Decker, C. A., & Decker, J. R. (1984). *Planning and administering early childhood program* (3rd ed.). Columbus, OH: Merrill.

Frost, J. L., & Kissinger, J. B. (1976). *The young child and educative process*. NY: Holt, Rinehart & Winston.

Gargiulo, R. M., & Kilgo, J. L. (2000). *Young children with special needs*. NY: Thomson/Delmar Learning.

Johnson, J. E., Christie, J., & Wardle, F. (2006). 놀이, 발달, 유아교육(이진희 외 공역). 서울: 아카데미프레스. (원저는 2005년 출간)

Johnson-Martin, N. M., Attermeier, S. M., & Hacker, B. J. (2004). *The carolina curriculum for infants and toddlers with special needs*. Paul H. Brookes Publishing Co.

Seefeldt, C. (1980). *A Curriculum for preschool*. Columbus, OH: Bell Howell, P.

Smith, K., & Connlly, K. J. (1972). Patterns of play and social interaction in preschool children. In N. B. Jones (Ed.), *Ethological studies of child behavior*. Cambridge: Cambridge University Press.

Spodek, B., & Brown, P. C. (1993). *Handbook of research on the education of young children*. NY: Macmillan.

Water, J. (2012). 유아교사의 새로운 도전: 처음처럼(김영옥 역). 경기: 공동체. (원저는 2005년 출간)

Wortham, S. C. (2004). *Assessment in early childhood education* (4th ed.). NJ: Prentice Hall.

Yin, R. (2003). 사례연구방법(신경식, 서아영 공역). 서울: 한경사. (원저는 1994년 출간).

# 찾아보기

## 인명

## 내용

## 저자 소개

■ **원계선**(Won, Kyeson)

이화여자대학교 교육대학원 유아교육전공 석사 졸업
단국대학교 대학원 특수교육학과 박사 졸업
**현** 제주한라대학교 유아교육과 교수

■ **고지민**(Ko, Jimin)

이화여자대학교 대학원 유아교육학과 석사 졸업
이화여자대학교 대학원 유아교육학과 박사 졸업
**현** 제주한라대학교 유아교육과 교수

■ **김현정**(Kim, Hyunjung)

한국교원대학교 대학원 유아교육전공 석사 졸업
한국교원대학교 대학원 유아교육전공 박사 졸업
**현** 제주한라대학교 유아교육과 교수

■ **문혜경**(Moon, Hyekyoung)

성결대학교 교육대학원 유아교육전공 석사 졸업
**현** 제주대학교 교육학과 박사과정

■ **양수경**(Yang, Sugyeong)

제주대학교 교육대학원 교육행정전공 석사 졸업
제주대학교 대학원 교육학과 박사 수료
**현** 금호유치원 원감
제주한라대학교 유아교육과 강사

■ **임진형**(Lim, Jinhyung)

이화여자대학교 유아교육학과 석사 졸업
이화여자대학교 유아교육학과 박사 졸업
**현** 제주한라대학교 유아교육과 교수

■ **현은선**(Hyun, Eunsun)

제주국제대학교 교육대학원 유아교육전공 석사 졸업
**현** 제주대학교 대학원 교육학과 박사과정

**아동관찰 및 행동연구** - 이론과 실제 -

Observation and Research on children's Behavior -Theory & Practice-

2017년 8월 25일 1판 1쇄 인쇄
2017년 8월 30일 1판 1쇄 발행

지은이 • 원계선 · 고지민 · 김현정 · 문혜경 · 양수경 · 임진형 · 현은선
펴낸이 • 김진환
펴낸곳 • (주) 학지사
04031 서울특별시 마포구 양화로 15길 20 마인드월드빌딩
대표전화 • 02)330-5114　　팩스 • 02)324-2345
등록번호 • 제313-2006-000265호

홈페이지 • http://www.hakjisa.co.kr
페이스북 • https://www.facebook.com/hakjisa

ISBN 978-89-997-0858-9 93370

정가 17,000원



이 도서의 국립중앙도서관 출판시도서목록(CIP)은 서지정보유통지원시스템 홈페이지(http://seoji.nl.go.kr)와 국가자료공동목록시스템(http://www. nl.go.kr/kolisnet)에서 이용하실 수 있습니다.
(CIP제어번호: CIP2017019853)